FACULTÉ DE DROIT DE PARIS.

DES DONATIONS
EN DROIT ROMAIN.

DE LA TRANSCRIPTION
EN DROIT FRANÇAIS.

THÈSE POUR LE DOCTORAT.

PAR

Tiburce SAUVÉ
Avocat à la Cour impériale de Paris.

PARIS,
IMPRIMERIE DE MOQUET,
92, RUE DE LA HARPE, 92.
1859

FACULTÉ DE DROIT DE PARIS.

DES DONATIONS
EN DROIT ROMAIN.

DE LA TRANSCRIPTION
EN DROIT FRANÇAIS.

THÈSE POUR LE DOCTORAT.

L'acte public sur les matières ci-après sera soutenu le Jeudi 30 Juin 1859 à 1 heure

PAR

Tiburce SAUVÉ

Né à la Rochelle le 26 Janvier 1837.

Avocat à la Cour impériale de Paris.

Président : M. **MACHELARD** Professeur.

SUFFRAGANTS :	MM. **PELLAT**, doyen de la Faculté, **VALETTE**	Professeurs.
	BUFNOIR **LABBÉ**	Agrégés.

Le candidat répondra en outre aux questions qui lui seront faites sur les autres matières de l'enseignement.

PARIS.

IMPRIMERIE DE MOQUET

92, Rue de la Harpe, 92.

1859.

A

Monsieur **Abel PERVINQUIÈRE**, professeur

à la Faculté de droit de Poitiers.

DROIT ROMAIN.

DES DONATIONS.

Les Institutes de Justinien rangent la donation parmi les modes d'acquérir la propriété; mais c'est là un point de vue évidemment exclusif et arbitraire. Ce n'est pas, en effet, le droit de propriété seul qui peut faire la matière d'une donation; l'usufruit, l'emphytéose, une simple promesse par contrat, la remise d'une dette peuvent aussi lui servir d'objet. Il ne serait pas plus exact de dire que la donation est un contrat obligatoire; car ici encore, ce ne serait faire allusion qu'à l'un des actes où peut se rencontrer la donation, et par conséquent ce serait en donner une définition incomplète. Je crois, au contraire, que rien n'est moins restreint que son domaine, que rien n'est plus multiple que la forme qu'elle peut prendre; que ce serait une idée tout-à-fait fausse que de regarder la donation comme un acte juridique particulier, tandis qu'en réalité, elle a un caractère général qui peut se plier aux actes juridiques les plus divers.

Certes, pour qu'il y ait donation, il faut toujours supposer un acte juridique valable; mais quelque soit cet acte, pourvu qu'il réunise trois conditions essentielles, il devient donation. Ces conditions sont les suivantes : il faut d'abord que l'acte soit entre-vifs, ensuite qu'il y ait appauvrissement de l'une des parties et enrichissement de l'autre, enfin que celle qui s'appauvrit ait eu l'intention d'enrichir celle qui est enrichie.

Ainsi pour qu'il y ait donation, trois éléments sont essentiels :

1° Un acte juridique entre-vifs;

2° Appauvrissement de l'une des parties (le donateur), et enrichissement de l'autre (le donataire) ;

3° Volonté du donateur d'enrichir le donataire.

Avant d'examiner chacun de ces éléments, nous ferons observer que tout acte qui se produira accompagné des circonstances ci-dessus, sera soumis à des règles positives, ce qui rend nécessaire de déterminer rigoureusement les limites de la donation.

Ces règles ont trait : 1° à la qualité des parties ;

2° A des formes spéciales pour la déclaration de volonté ;

3° A la révocation de l'acte juridique.

Cela posé, je crois que nous pouvons définir la donation : un acte juridique entre-vifs, accompli avec l'intention d'enrichir, emportant appauvrissement du donateur, et enrichissement du donataire, et soumis dès lors à des règles spéciales.

Nous devrions, pour suivre un ordre logique, commencer par étudier séparément chacun des éléments qui sont de l'essence de la donation, et terminer par l'examen des règles spéciales que nous venons d'énumérer ; mais nous préférons suivre une autre méthode, et nous occuper tout d'abord des règles qui ont trait à la qualité des personnes, c'est-à-dire, rechercher quelles personnes peuvent faire une donation, quelles personnes peuvent la recevoir. Nous serons ainsi tout naturellement conduits, à parler dès le début des donations entre époux, matière dont il importe avant tout de connaître les principales dispositions, puisque ce sont elles qui ont donné lieu aux anciens jurisconsultes de déterminer avec exactitude les principes des donations en général.

Quelles personnes peuvent faire une donation?

D'après la définition que nous avons donnée de la donation, il faut pour être capable de donner, être capable de faire valablement l'acte juridique qui doit revêtir le caractère de donation; il faut aussi être capable de s'appauvrir et d'enrichir autrui; il faut enfin, être capable d'une intention bienveillante et désintéressée.

En ce qui touche la capacité pour faire un acte juridique, nous appliquerons la règle du droit commun. Ainsi nous dirons, par exemple, que les *perigrini* sont incapables de donner au moyen d'une *cessio in jure*; pour ce qui est de la capacité de s'appauvrir et d'enrichir autrui, nous appliquerons encore la règle du droit commun, et nous dirons qu'un fils en puissance ne peut pas faire de donation; il ne le peut pas alors même qu'il a reçu de son père la libre administration d'un pécule; car donner c'est perdre, et sa liberté d'administration ne va pas jusque-là (1). Nous dirons aussi que, celui qui n'est pas sain d'esprit ne peut faire de donation,

(1) L. 7, pr. *de don.* (XXXIX, 5).

puisqu'il est incapable de vouloir sérieusement enrichir le donateur (1). Une autre incapacité de donner existait contre ceux qui avaient subi une condamnation capitale (2) : dans ce cas, le fisc confisquait les biens du condamné et on déclarait nuls tous ses actes autres que ceux d'administration, faits dans l'intervalle du crime à la sentence capitale (3). Hormis ces cas exceptionnels, la capacité de donner fait la règle.

Quelles personnes peuvent recevoir une donation?

Ici encore la capacité est la règle. On peut donner à qui l'on veut, même à des étrangers, même à des personnes que l'on ne connaît pas (4); peu importe, au reste, comment le donataire a mérité l'affection du donateur ; peu importe également que cette affection soit honnête ou déshonnête (5).

Mais on ne pourrait pas donner à un enfant qu'on a en sa puissance ; car il manquerait ici un des éléments essentiels à toute donation, sa-

(1) L. 23, § 1, *eod.*
(2) L. 15, *eod.*
(3) L. 11, § 1, (XLVIII, 20).
(4) L. 29, C. (VIII, 54).
(5) L. 5, *de don.*

voir : l'appauvrissement du donateur et l'enrichissement du donataire. Cependant nous trouvons un texte de Papinien qui nous offre une dérogation curieuse à cette décision (1); il s'agit d'un père qui a donné à sa fille alors qu'elle était *in potestate* un certain nombre d'esclaves, puis, qui l'émancipe sans retenir son pécule; le jurisconsulte nous dit que le père ne pourra plus reprendre la chose donnée; car la donation est regardée comme validée après coup. Parlons maintenant de la principale incapacité en cette matière, je veux dire, celle qui empêche un époux de recevoir de son conjoint.

Dans l'ancien droit, les donations entre époux étaient interdites. On craignait qu'un époux avide n'abusât de la tendresse de son conjoint pour s'enrichir à ses dépens, ou ne lui arrachât des liberalités en le menaçant de le répudier, et qu'ainsi la durée et la paix du ménage ne fussent achetées à prix d'argent. Le caractère général de cette prohibition est de faire déclarer non avenu tout acte tendant à réaliser une de ces donations prohibées. Ainsi en pareille circonstance, la tradition, comme dans l'ancien droit la mancipation, ne transfèrera pas la propriété ; de même il n'y aura pas d'usucapion possible, si le donataire qui possède

(1) L. 31, § 2, *eod.*

est le conjoint du véritable propriétaire. Si la donation consiste en une obligation contractée, celle-ci est radicalement nulle: le paiement qui en serait effectué plus tard serait nul également; si la donation résulte de la remise d'une dette cet acte n'est pas valable et la dette continue de subsister (1). Ces règles s'appliquent également aux deux époux; mais leur influence est beaucoup plus sensible pour la donation du mari à la femme, que pour celle de la femme au mari. Tout ce que le mari abandonne gratuitement à la femme est donation de sa nature et frappé de nullité ; tandis que la femme peut céder tous ses biens à titre de dot à son mari. A la vérité, la constitution de dot n'est pas une donation véritable; il n'est donc pas étonnant qu'elle échappe à la prohibition; mais la différence semble plutôt nominale que réelle ; car le mari ayant la propriété et la jouissance de la dot, possède tous les droits et tous les avantages que pourrait lui conférer une donation. Voici à l'égard de la femme, le sens pratique de la prohibition : la femme ne peut rien donner à son mari que d'après les règles spéciales établies pour la dot.

Le moment où la donation se forme juridi-

(1) L. 3, § 10, (XXIV, 1).

quement comme contrat peut être différent du moment où elle doit recevoir son exécution, produire son effet. Dans ce cas, si le contrat est antérieur au mariage, mais ne doit avoir d'effet qu'après la célébration, la donation est nulle; si au contraire, la donation contractée juridiquement pendant le mariage, ne doit se réaliser qu'après sa dissolution, la donation est valable; car entre époux, sont seules prohibées, les donations qui reçoivent leur exécution pendant le mariage, voilà pourquoi la *mortis causa donatio*, qui ne reçoit d'exécution qu'après la mort du donateur, c'est-à-dire après la dissolution du mariage, est permise entre époux ; à la vérité la *mortis causa donatio* est quelquefois faite de telle sorte que la propriété soit transmise immédiatement au donataire, sauf la possibilité d'une révocation, si le donateur survit au donataire. En pareil cas, voici ce qui arrivait : la transmission immédiate de la propriété au profit de l'époux donataire n'avait pas lieu; car il était impossible que durant le mariage une donation entre époux opérât une translation de propriété; mais il pouvait arriver de deux choses l'une : ou bien que l'époux donateur survécût à l'époux donataire, ou au contraire qu'il prédécédât. Au premier cas, la donation n'aurait rien produit du tout, l'époux donateur aurait toujours conservé la propriété des choses données; dans le second cas, au contraire, le prédécès du donateur serait venu confirmer la donation.

Dans l'hypothèse où nous raisonnons, cette confirmation produira ce résultat fort remarquable, qu'elle aura lieu avec effet rétroactif au jour où la donation a été exécutée. Ainsi en présence d'une pareille donation, tout est en suspens, tant que vivent les deux époux; mais le mariage vient-il à être dissous par la mort de l'un d'eux, toute indécision disparaît alors, et la donation, ou bien, n'aura jamais existé et n'aura rien produit, ou bien au contraire, aura été et sera restée irrévocablement valable et productive de tous ses effets à compter du jour où elle a reçu son exécution, suivant que l'époux donateur survivra ou ne survivra pas à l'époux donataire. Remarquons que cet effet rétroactif donné à la confirmation de la donation par le prédécès du donateur est spécial au cas que nous examinons, c'est-à-dire, au cas où le donateur a voulu transmettre immédiatement la propriété au donataire, sauf à la reprendre en vertu d'une condition résolutoire, si le donataire meurt avant lui; que si, au contraire, le donateur a voulu transmettre la propriété sous une condition suspensive, alors le donataire ne devient propriétaire qu'à la mort du donateur: « Medio igitur tempore dominium remanet « apud eum qui donavit, » et en conséquence rien n'est en suspens.

Toutefois, les donations entre époux, bien que prohibées par le droit positif, devenaient valables, si le donateur les confirmait par testament. Plus tard, d'après un sénatusconsulte rendu sur la proposition des empereurs Sévère et Antonin Caracalla, une confirmation expresse ne fut plus nécessaire et il suffisait que l'époux donateur mourût le premier, sans avoir manifesté de volonté contraire, pour que la donation faite pendant le mariage fût confirmée.

On supposait alors que le donateur avait voulu faire une donation à cause de mort.

La donation est un acte entre-vifs.

Après cette digression nécessaire sur la prohibition des donations entre époux, reprenons l'ordre logique de notre dissertation, et examinons succinctement chacun des éléments essentiels d'une donation :

Le premier, avons-nous dit, est un acte juridique entre-vifs ; ce qui exclut toute succession légale ou testamentaire, de même que le legs, la *mortis causa capio* et l'affranchissement testamentaire. Ces actes ne sont pas des donations; dans la succession légale, nous ne trouvons aucun acte personnel auquel on puisse rapporter l'origine de cette succession; dans la succession testamentaire nous rencontrons bien un acte du testateur, mais l'appauvrissement de celui qui donne, élément essentiel pour qu'il y ait donation, se produit-il ici? Assurément non; car le patrimoine du défunt est toujours resté le même; seulement il passe en d'autres mains, et cela à un moment où le testateur ne peut plus être appauvri. Le même motif s'applique au legs et à la *mortis causa capio;* quant à l'affranchissement testamentaire, s'il ne doit pas être regardé comme une donation véritable, cela tient à ce que l'affranchi n'éprouve aucun enrichissement dont la valeur soit appréciable.

Ainsi, il est donc exact de dire que la donation est un acte entre-vifs; nous devrions ajouter un acte *positif,* car une simple omission ne peut constituer une donation, alors même qu'elle en réunirait les deux autres éléments essentiels. On ne saurait, au reste, appliquer à une simple omission la mancipation ou la tradition qui, comme nous le verrons plus loin, occupait une place si importante dans le droit positif de la donation.

Il y a, néanmoins, deux circonstances où l'omission devient une donation véritable : Premièrement, lorsqu'à elle seule, elle procure un bénéfice immanquable : elle est alors considérée comme une donation indirecte ou déguisée; secondement, lorsque l'omission cache un acte qui réalise la donation.

Comme exemple du premier cas, je citerai l'espèce suivante : Un mari ou une femme, dans le but de faire une donation à son conjoint, néglige d'user d'une servitude établie sur un immeuble de ce dernier ; dans ce cas, le jurisconsulte Ulpien décide que la servitude est éteinte ; mais il ajoute que l'époux qui a perdu ainsi son droit aura contre son conjoint une *condictio* aux fins, sans doute, de rétablir la servitude ou d'obtenir le paiement de sa valeur (1). Le texte porte : *post divortium condici posse ;* mais ces mots, *post divortium,* sont purement énonciatifs ; tant que les époux sont en bonne intelligence, la réclamation peut rarement avoir lieu ; mais le droit n'en subsiste pas moins pendant le mariage.

Or, si l'époux qui a perdu son droit de servitude par non-usage peut exercer contre son conjoint une *condictio,* c'est, apparemment que

(1) L. 5, § 6, t. XXIV, 1).

son omission a enrichi ce dernier; car, s'il n'y avait pas eu enrichissement provenant de la libéralité de l'époux, de son omission à exercer son droit de servitude, cette omission, cette libéralité n'eût pas été prohibée entre époux; mais elle l'est formellement, puisqu'on accorde une *condictio* à l'effet de réparer la perte de la servitude : donc, l'omission, dans ce cas, constitue une véritable donation.

L'exemple cité n'est, du reste, qu'une application de ce principe général : *Eum quoque alienare dicitur, qui non utendo amisit servitutem*(1).

Examinons maintenant la deuxième circonstance où l'omission produit une donation. C'est, avons-nous dit, lorsqu'elle cache un acte qui réalise la donation.

Nous en trouvons un exemple curieux dans la loi 44 *de donat. int. vir.* (XXIV. 1). Nératius y rapporte qu'un tiers avait donné à une femme une chose appartenant au mari de cette femme; et cette particularité que le mari fut le véritable propriétaire, était ignorée de tous, c'est-à-dire du tiers, de la femme et du mari. La femme se trouvait donc en voie d'usucaper ; elle était de bonne foi et sa possession avait une *justa causa*, car, comme le dit la fin de notre texte : *non*

(1) L. 28, *pr.* (L. 16).

omnimodo uxores ex bonis virorum, sed ex causa donationis ab ipsis factæ, adquirere prohibitæ sunt. Mais pendant que l'usucapion est en voie de s'accomplir, le mari et la femme viennent à savoir que le véritable propriétaire de la chose donnée par le tiers se trouve être le mari. En présence de ces faits, le jurisconsulte décide que l'usucapion est interrompue ; et le motif qu'il en donne, c'est que la possession de la femme a changé de cause et que la cause nouvelle n'est plus une *justa causa*. En effet, dès l'instant que le véritable propriétaire a été connu du mari et de la femme, dès cet instant est née, pour le mari, une action en revendication dont le succès était assuré, puisque l'adversaire lui-même en reconnaît la justice ; et si le mari néglige de l'exercer, il faut voir dans cette omission, qui ne s'explique que par l'intention de faire une libéralité indirecte, un acte positif qui se cache. Or cet acte positif, quel est-il ? tout simplement un constitut possessoire suivi d'une tradition de brève main. C'est comme si la femme reconnaissant la propriété du mari lui avait restitué la possession et que ce dernier à son tour, lui eût livré le même objet à titre de donation.

Concluons du texte de Nératius, que l'omission devient une donation véritable, lorsqu'elle cache un acte positif qui réalise la donation.

Le même texte donne naissance à une longue controverse qui se rattache à la question de savoir, si le propriétaire qui laisse une usucapion s'accomplir contre lui, fait une donation.

L'hypothèse paraît bien analogue, pour ne pas dire identique à celle de la perte d'une servitude par le non-usage, et quoique ce soit là l'opinion générale et que l'on décide communément l'affirmative, cependant M. de Savigny soutient avec chaleur la solution contraire et en s'appuyant sur la loi **1** *pr. de fundo dotali* (xxxiv §) il s'efforce d'établir que les deux omissions n'ont pas le même caractère; que de l'une (celle qui entraîne perte de la servitude) résulte immédiatement et immanquablement un enrichissement, tandis que de l'autre ne découle qu'un enrichissement médiat et tout au moins incertain.

C'est cette distinction que les partisans de l'analogie, et parmi eux M. Machelard, dans son *Commentaire* des textes sur les donations entre époux, repoussent d'une manière énergique, et qui me paraît faire triompher cette dernière opinion.

Avant d'abandonner ce sujet, citons encore quelques omissions qui réalisent un enrichissement, et par conséquent, peuvent emporter donation.

Un mari titulaire d'un droit contre sa femme, laisse volontairement repousser son action, c'est à-dire, ne cherche pas à combattre l'exception que lui oppose son adversaire; ou bien il se laisse condamner sans se défendre, dans ces deux cas il y a donations; comme elles sont entre époux, elles sont prohibées.

Mais si un mari créancier de sa femme, laisse prescrire sa créance, faudra-t-il voir encore une donation et par conséquent la prohiber? M. de Savigny répond, non, assimilant ce cas à celui de l'usucapion, et ne voyant dans l'une ni dans l'autre aucun enrichissement indirect ou certain; l'exercice d'une action n'en assurant pas le résultat.

Ce qui différencie les deux premiers cas du dernier, ce qui fait qu'ils constituent de véritables donations, c'est que la procédure est considérée comme un tout indivisible où les actes et les omissions ne peuvent être envisagés séparément. Il faut admettre que par la manière de diriger la procédure, c'est-à-dire par un acte positif, la partie a toujours amené volontairement la perte du procès. Dans le cas de prescription, au contraire, il était douteux qu'il y eût enrichissement.

Remarquons, enfin, que de même qu'une simple omission, lorsqu'elle constitue une donation, est prohibée entre époux, ce qui est une des règles auxquelles sont assujéties les donations, de même elle est soumise aux autres règles restrictives, telles que l'insinuation et la révocation que nous étudierons plus loin.

Ainsi, dans le cas de perte volontaire d'une servitude par le non-usage, bien qu'en fait il ne puisse être question d'insinuation; si la valeur excède cinq cents *solidi*, elle peut être réclamée comme donnée irrégulièrement.

Appauvrissement du donateur, enrichissement du donataire.

Le second élément essentiel d'une donation est, d'un côté, l'appauvrissement, de l'autre l'enrichissement, ce qui implique les deux conditions suivantes : il faut d'abord qu'une portion de biens passe d'un patrimoine dans un autre, ce qui constitue la nécessité d'une aliénation; il faut, en second lieu, qu'en dernier résultat, la valeur totale de l'un soit diminuée et celle de l'autre augmentée. Ainsi il faut, pour qu'il y ait donation, que l'acte, par lequel s'exprime la bienveillance, modifie l'étendue des biens de l'aliénateur et de l'acquéreur, qu'il y ait chez l'aliénateur le sacrifice gratuit d'un droit acquis, et que cet abandon confère à l'autre partie un droit sur les biens abandonnés.

Ainsi le mandat, le dépôt, le commodat, le précaire, ne sont pas des donations; car la partie agissante ne modifie aucunement dans ces actes l'étendue de ses biens. Il n'y aura pas non plus donation, et par conséquent il n'y aura pas lieu à la prohibition entre époux et aux autres règles restrictives, lorsqu'un héritier ou un légataire renonce à l'hérédité ou au legs, afin d'en faire profiter celui qui est appelé après lui; ou lorsqu'un créancier, auquel une chose a été promise sous condition, empêche volontairement l'accomplissement de la condition; ou bien encore lorsqu'on laisse périmer volontairement une *querela inofficiosi* ou une action d'injure; car dans ces différents cas, on néglige volontairement d'acquérir, mais on ne fait pas d'aliénation. C'est pourquoi de semblables avantages sont permis entre époux et ne donnent pas lieu à l'application de l'action Paulienne. Enfin il n'y a pas donation au cas d'affranchissement d'un esclave, parce que l'affranchi n'acquiert pas un droit des biens, un droit pécuniaire, *nec enim pretii computatio pro libertate fieri potest.*

Par une raison analogue, un père qui émancipe son fils ne fait pas une donation, puisqu'ici encore l'enfant n'acquiert qu'un droit en dehors des biens et que le père n'en abandonne aucun qui fasse partie de son patrimoine. La jouissance paternelle n'est pas une valeur vénale; le père n'abdique que le droit d'acquérir désormais par son fils; et si l'on objecte que le père se prive ainsi de la moitié de l'usufruit des biens de son enfant, et que c'est le fils qui en profite, que par conséquent il y a tout-à-la fois aliénation et enrichissement, partant, donation; il faut répondre que non; car le père se propose avant tout de changer l'état personnel de son fils, et l'enrichissement n'est qu'une conséquence secondaire de l'émancipation.

En ce qui touche l'enrichissement du donataire, nous avons dit qu'il existait, quand, en définitive, la valeur totale de son patrimoine se trouve augmentée. Il n'y a pas enrichissement, si l'acte juridique n'augmente pas l'étendue des biens de celui qui en profite, mais seulement garantit l'exercice de la poursuite d'un droit existant; ainsi, payer comptant ou *expromittere* une somme due *naturaliter*, ce n'est pas faire une donation; de même la femme qui se constitue une dot ne fait pas une donation, car elle y est obligée *naturaliter*. Le cautionnement d'une dette n'est jamais une donation en faveur du créancier; il en est de même de la constitution du gage ou de l hypothèque, même de la part d'un débiteur insolvable, puisque tous ces actes ne font que garantir la poursuite d'un droit déjà existant. Le cautionnement, le gage, ou l'hypothèque pour la dette d'un tiers, ne sont pas non plus des donations au profit du créancier, mais ils peuvent l'être en faveur du débiteur, si on n'a pas l'intention de réclamer en vertu de l'*actio mandati* ou *negotiorum gestorum* la somme payée par lui. La réunion d'un droit de gage faite par le créancier au débiteur n'est pas davantage une donation, car la créance subsistant toujours, les biens n'en sont pas diminués. L'acceptilation d'une dette soumise à une exception n'est pas une donation. Il n'y a pas non plus enrichissement si l'acquéreur fait un sacrifice égal au gain qu'il reçoit : ainsi, le paiement d'une dette, pas plus qu'une vente ou un échange ne sont des donations.

Enfin, il n'y a pas enrichissement quand le droit acquis vient plus tard à périr et que l'enrichissement primitif disparaît. Dans ce cas, l'acte qui était d'abord une donation véritable, cesse de l'être plus tard, d'où, comme conséquence, la donation révocable pour violation du droit positif, ne peut plus être révoquée dès qu'elle n'enrichit plus le donataire.

Néanmoins, la perte du droit conféré par la donation, ne suffit pas absolument pour arrêter les conséquences attachées à la donation par le droit positif; voici différents cas qu'il faut soigneusement distinguer : ainsi, le droit peut périr purement et simplement, ou bien se transformer en un second droit, qui se substitue au premier; ainsi, encore la perte du droit peut résulter ou de la volonté même du donateur, ou d'un événement fortuit, ou du libre arbitre du donataire.

Examinons successivement ces différents cas, et pour plus de simplicité, examinons-les seulement par rapport aux donations entre époux ; et puisque nous avons vu qu'entre époux les donations sont prohibées, toutes les fois que nous verrons un acte être déclaré nul ou révocable parce qu'il a été fait entre conjoints, nous pourrons dire avec certitude qu'un tel acte est une donation.

Si la perte du droit conféré à l'époux donataire, résulte de la volonté de l'époux donateur, celui-ci n'a absolument aucune réclamation à exercer contre l'époux donataire. Ainsi, supposons que l'époux donataire ait été tenu dès l'origine, de remettre la chose donnée à un tiers, ou même que cette obligation lui soit imposée plus tard par le donateur, au moyen d'une convention postérieure et qu'elle s'exécute effectivement : le donateur ne pourra réclamer.

De même un époux peut donner à l'autre époux un esclave pour l'affranchir, ou un terrain pour y ériger un tombeau, ou sous toute autre destination qui mette ce terrain hors du commerce; le donateur ne pourra rien réclamer; car la donation a disparu avec l'enrichissement (1).

Si le droit vient à périr par suite d'événements fortuits, tels qu'incendie, tremblements de terre, vol à main armée, etc., le donateur n'a plus de répétition à exercer; et la donation est complétement anéantie avec toutes ses conséquences (2). Mais elle a réellement existé jusqu'au moment de la perte de la chose donnée. Le même résultat se produirait en cas de perte partielle.

Supposons maintenant que la perte résulte d'un acte volontaire du donataire. Dans ce cas, en principe, nous sommes en présence d'un possesseur de mauvaise foi de la chose d'autrui, car l'époux donataire sait qu'une donation illicite ne peut transférer la propriété; si donc la chose donnée existe encore en nature chez le donataire, le donateur aura la revendication. Si au contraire la chose a péri ou a été consom-

(1) L. 5, § 8, (XXIV, 1). L. 1, §, 1, 2. — l. 22, C. (V, 16) Paul II, 23 § 2.

(2) L. 28, *pr.* (XXIV, 1).

mée ou dissipée par l'époux donataire, et s'il y a dol de sa part dans la destruction ou l'aliénation de la chose, le donateur a d'abord une *condictio sine causa*, puis l'action *ad exhibendum* et l'action de la loi Aquilia, si la chose a été détruite ou endommagée. Telle serait la rigueur des principes; on pourrait, au surplus, objecter à cette doctrine, que, s'il est vrai que l'époux donataire soit un possesseur de mauvaise foi, il faut aussi reconnaître qu'il a en sa faveur cette circonstance très atténuante, qu'il possède la chose d'autrui, du consentement du propriétaire, et que la persistance de la volonté du donateur justifie la dissipation du donataire. C'est pourquoi le sénatusconsulte de Sévère et d'Antonin Caracalla, outre cette disposition, par laquelle il déclarait que pendant la durée du mariage, le droit de révocation était personnel au donateur, qu'il ne passait pas à ses héritiers et qu'ainsi toute donation non révoquée par le donateur devenait inattaquable à sa mort, parlait aussi expressément de la consommation de la chose, en ce sens que la chose une fois consommée le donateur lui-même n'avait plus aucun recours contre le donataire. Ainsi, relativement à la disparition complète de la donation avec toutes ses conséquences, l'aliénation volontaire ou la disposition de la chose donnée, de la part de l'époux donataire, a depuis le sénatusconsulte de Sévère et Caracalla, absolument la même influence que la perte résultant de la volonté du donateur ou d'un événement fortuit (1).

Un des éléments essentiels d'une véritable donation, est que le donataire ait été *locupletior*; mais entre époux, il faut de plus, que le donataire soit encore *locupletior*, et cela au moment de la *litis contestatio*, quand le donateur veut faire révoquer la donation par voie de revendication ou de condiction. Si donc avant cette époque la chose donnée a péri ou a été dissipée, le donateur n'a plus aucune action (2).

Reste à parler des cas où le droit conféré par la donation périt, mais est remplacé par un autre. Alors, le donataire continue à se trouver enrichi, et le caractère de la donation avec toutes les règles qui s'y rapportent, s'attache au droit nouvellement acquis. Ainsi, l'époux acquitte une dette avec l'argent donné : le voilà enrichi du montant de cette dette. De même, il prête de l'argent donné; cette nouvelle créance continue de l'enrichir ; cependant dans ce cas, si le débiteur devenait insolvable, la donation était anéantie.

(1) L. 32, *pr*, § 1, 2, (XXIV, 1).
(2) L. 7, *pr*. (XXIV, 1).

Si l'époux donataire vend la chose donnée, le prix de la vente remplace la chose. De même s'il emploie à une acquisition l'argent donné, cette acquisition continue à l'enrichir; quelques mots sur ces deux dernières hypothèses : supposons que la somme donnée soit deux cents écus ; l'objet acheté avec ces deux cents écus en vaut trois cents; mais n'a coûté que deux cents : le donateur ne pourra réclamer que deux cents écus.

A l'inverse, si la chose achetée moyennant trois cents écus, lesquels formaient l'objet de la donation, ne vaut que deux cents écus, le donateur n'a droit qu'à deux cents écus, le reste est assimilé à une dissipation partielle. Si la chose achetée avec les deniers donnés vient à périr, le donateur n'a plus rien à demander, soit que la perte résulte d'un cas fortuit ou de la volonté du donataire (1). Bien plus, si la chose achetée avec les deniers donnés avait été vendue par l'époux donataire et remplacée par une autre qui venait à périr soit par cas fortuit, soit même par la volonté du donataire, cette perte dispensait l'époux donataire de la restitution (2).

Mais il est évident que toutes ces interprétations

(1) L. 28, § 3, (XXIV, 1). L. 50, § 1, *eod.*
(2) L. 29. *pr. eod.*

favorables ne s'appliquent qu'aux donations entre époux; il faut se garder de généraliser cette doctrine. En effet, partout ailleurs on décidait qu'après la première acquisition, le donataire était définitivement enrichi, et cela quand même la chose achetée avait péri par cas fortuit (1).

Nous venons d'analyser le second élément essentiel de toute donation, l'enrichissement concomitant avec l'appauvrissement.

Pour compléter ce sujet, voyons de quelles façons diverses cet élément peut se produire, ou en d'autres termes, de quels actes juridiques l'enrichissement du donataire peut résulter.

Il peut résulter, soit d'une translation de propriété, soit d'une obligation, soit d'une remise de dette.

Les donations résultant du transfert de droits réels peuvent se rapporter à la propriété, ou à des *jura in re*; mais celles qui se rapportent à la propriété sont tellement nombreuses et tellement importantes, que souvent on a défini la donation en général, comme un des moyens de transférer la propriété.

Dans l'ancien droit, il y avait trois formes pour la transmission de la propriété : la man-

(1) L. 18, (IV, 2).

cipation, l'*in jure cessio*, la tradition. Naturellement elles s'appliquaient à la donation, mais en ce sens que celle-ci était une *justa causa acquisitionis*, et que si, par exemple, voulant faire donation d'une chose *mancipi*, on avait employé seulement la tradition, la donation, c'est-à dire dans notre hypothèse la tradition accompagnée des éléments essentiels à toute donation, constituait une *justa causa*, qui, jointe à la bonne foi conduisait à l'usucapion.

Dans le droit de Justinien, la tradition, pourvu qu'elle ait une *justa causa*, suffit pour transférer la propriété. Or, la donation constitue une *justa causa tradendi*; voilà comment la tradition fondée sur une donation confère la propriété.

La tradition peut s'opérer sous toutes les formes qu'elle est susceptible de revêtir, et d'abord par personnes interposées (1); ou bien par le changement du titre, auquel le donataire détenait déjà l'objet donné (2); ou bien en vertu d'une *missio in possessionem* (3); ou bien en vertu d'un contrat possessoire, c'est-à-dire que le donateur déclare posséder la chose pour le donataire dont il devient le représentant :

(1) L. 4, l. 6, (XXXIX, 5).
(2) L. 10, *eod.*
(3) L. 6, l. 9, § 1 *eod.*

idem est usumfructum retinere, quod tradere (1); ou bien enfin par l'abandon que l'on fait de sa chose avec l'intention formelle qu'une autre personne en acquière la propriété. *Non alienat qui duntaxat omittit possessionem* (2).

La donation peut avoir pour objet non pas la propriété véritable, mais un droit analogue. Ainsi, dans l'ancien droit, le *in bonis*, ou le régime établi pour les immeubles de province; ainsi encore dans le droit nouveau, la possession de bonne foi.

Supposons que le donateur ne fût pas propriétaire de la chose dont il a fait tradition, un pareil acte ne saurait nuire au propriétaire (3); mais si celui-ci consent à la donation, le donataire acquiert immédiatement la propriété, et cela, du chef de *tradens*, lequel est censé, par suite du consentement du propriétaire, avoir reçu de brève main à un titre ou à un autre, la chose donnée, et l'avoir ensuite livrée au donataire.

Nous trouvons un semblable résultat dans la loi 9, § 2, *de donationibus*. Ce texte suppose deux hypothèses. Dans la première, un fils de famille a fait une donation sur l'injonction que lui en

(1) L. 28, l. 35, § 5, C. VIII, 54.
(2) L. 119. (L. 17).
(3) L. 14, 21, 24, C. (VIII, 54).

faisait son père : dans ce cas, c'est le père lui-même qui est donateur ; dans la seconde, le fils fait une donation, non plus sur l'ordre de son père, mais seulement avec son consentement ; ici, c'est le fils qui est donateur, précisément comme si le consentement du père propriétaire était donné à un donateur *sui juris*. Sans doute, dans l'espèce, la puissance paternelle empêche qu'il y ait tradition ou donation du père au fils ; mais le résultat définitif est le même que si l'intermédiaire était un étranger.

Si la chose d'autrui a été donnée sans le consentement du propriétaire, cet acte juridique n'est pas dépourvu de toute efficacité : une pareille donation sert de titre à l'usucapion, que l'on nomme alors *pro donato*.

Cette usucapion *pro donato* peut se présenter sous deux aspects différents, ou bien elle peut n'être qu'une suite de la possession de bonne foi du donateur, et dès lors elle peut servir d'objet à une véritable donation, puisqu'une donation peut avoir pour objet une possession de bonne foi ; ou bien elle peut être un fait indépendant du droit du donateur, quand celui-ci possède sans juste titre, ni bonne foi, et dans ce cas, la possession de bonne foi du donataire, ne pouvant être regardée comme un droit transmis, ne peut s'appuyer ni s'aider de l'*accessio possessionis*.

Contre tout ce que nous venons de dire au sujet de la tradition de la chose d'autrui *donationis causa*, on pourrait objecter la loi 9, § 3, *de don.*, ainsi conçue : *Donari non potest, nisi quod ejus fit, cui donatur* ; mais cette règle se rapporte à l'ancien droit et à la loi Cincia ; il signifie que la mancipation était nécessaire pour la donation d'une *res mancipi*, et que la tradition ne suffisait pas. Dans le droit nouveau, cela veut dire que pour donner d'une manière efficace, il faut que le donateur lui-même soit propriétaire de la chose donnée : la donation d'une chose qui n'appartient pas au donateur, n'est donc qu'une *justa causa* pour arriver à l'usucapion, pourvu que le donataire soit de bonne foi et que la chose donnée ne soit pas *furtiva*. Posons donc comme règle, que la donation de la chose d'autrui peut valoir comme titre d'usucapion.

Mais une pareille donation est-elle soumise aux règles ordinaires des donations, et par exemple est-elle prohibée entre époux ? Il faut répondre affirmativement, car la loi 1, § 2, *pro donato*, nous dit expressément : « si inter virum « et uxorem donatio facta sit, cessat usucapio. » En effet, la femme n'a pas de juste titre, puisque les donations sont prohibées entre époux, elle n'a pas la bonne foi, puisqu'elle sait qu'elle possède la chose d'autrui ; et peu importe, au reste, que la femme ait su ou non qu'entre époux les donations étaient prohibées ; car si en règle générale, les femmes pouvaient invoquer leur erreur de droit, il y avait exception pour les donations.

On serait tenté de croire par ce qui précède, que si la chose donnée à la femme par son mari, appartenait non pas au mari, mais à autrui, la femme pourrait l'usucaper. Toutefois, ici encore, il faut user de distinction et ne pas perdre de vue qu'entre époux, sont seulement prohibées les donations « ex quibus et locu- « pletior mulier, et pauperior maritus in suis « rebus fit. » Il faut rechercher si le mari, qui a donné à sa femme la chose d'autrui, la possédait lui-même de bonne foi et avec juste titre ; ou si au contraire, il n'avait ni juste titre ni bonne foi. Au premier cas, le mari fait lui-même en voie d'usucaper, par conséquent la donation qu'il a faite à sa femme en l'empêchant d'arriver à l'usucapion va l'appauvrir, et comme elle enrichit la femme, elle réunit les caractères nécessaires à sa prohibition. Mais au second cas, le mari ne pouvant pas usucaper, ne s'appauvrit en rien en cessant de détenir la chose d'autrui, et dès lors, la tradition qu'il en fait à sa femme pourra procurer à celle-ci l'usucapion.

Toutefois pour que, même dans ce cas, la femme puisse usucaper, il faut qu'elle soit de bonne foi, c'est-à-dire, qu'elle ait cru que son mari fût le véritable propriétaire ; avec une pareille croyance que lui donne la bonne foi, elle se trouve avoir, bien qu'elle l'ignore, un juste titre, pour usucaper ; car bien qu'elle pense posséder la chose de son mari, c'est en réalité la chose d'autrui qu'elle possède, et cela suffit, puisqu'en cette matière la doctrine des jurisconsultes romains était que : *plus est in re quam in existimatione.*

Lorsque la donation de la chose d'autrui se parfait au moyen de l'usucapion, elle est soumise aussi bien aux autres règles des donations ordinaires qu'à celle qui a trait à la prohibition entre époux ; car l'usucapion une fois accomplie, on suppose que la propriété parfaite a été donnée dès l'origine.

Les *jura in re* peuvent, comme la propriété elle-même et la possession de bonne foi, faire l'objet d'une donation. Ainsi, l'usufruit, les servitudes, l'emphytéose, l'usage, l'habitation, mais non pas le gage ; qui ne présente aucune extension des biens, mais une garantie contre une perte éventuelle.

Nous venons de voir que l'enrichissement, et par conséquent la donation, peut résulter d'une translation de propriété ou de ses démembrements; il peut aussi résulter d'obligations contractées envers le donataire.

Ces obligations peuvent être les unes à la charge du donateur, les autres à la charge d'un tiers. A la charge du donateur, quand je promets à quelqu'un de lui donner 100 écus d'or. Or, la donation, c'est la promesse et non pas la tradition des 100 écus d'or nécessitée par la promesse que j'ai faite. Cette tradition subséquente n'est que le paiement d'une dette et nullement une donation. La promesse peut résulter d'une stipulation, et dans l'ancien droit, elle pouvait résulter du contrat littéral appelé *expensilatio*. La loi 26 *de donationibus*, qui nous apprend que du temps de Pomponius, la simple mention sur son livre ordinaire de dépenses, qu'on est débiteur d'une personne que l'on veut gratifier, ne suffit pas pour constituer une donation; la loi 26 ne contredit en rien notre dernière assertion, à savoir : que par l'*expensilatio* on peut faire une donation. C'est que le texte de Pomponius n'avait pas en vue l'*expensilatio*, et il ne pouvait l'avoir, puisqu'à l'époque de ce jurisconsulte, l'usage des anciens registres domestiques était abandonné depuis longtemps.

Le droit de Justinien facilite et simplifie tout ; car sous cet empereur le contrat sans forme aucune, le pacte, la simple convention de donner, procure une action au donataire ; la promesse de donner se trouve assimilée aux contrats consensuels. Notons cependant, entre la donation et les contrats obligatoires ordinaires, d'importantes différences. C'est ainsi que celui qui est débiteur en vertu d'une donation, ne paie pas d'intérêt en cas de retard de paiement (1) ; c'est ainsi également que si le donateur tombe dans la misère, il peut opposer au donataire qui l'actionne, le bénéfice de compétence (2), et de plus, il peut, pour établir son insolvabilité, faire entrer en ligne de compte ce qu'il doit à son créancier, mais non ce qu'il peut devoir à raison d'autres donations ; enfin le donateur n'est pas tenu de garantir le donataire de l'éviction qu'il pourrait supporter ; il ne doit l'indemniser de ses impenses qu'autant qu'il y a eu dol de sa part (3).

Il y a encore donation, lorsque le donataire acquiert une créance contre un tiers. Ainsi,

(1) L. 22, (XXXIX, 5).
(2) L. 12, 33. *pr.* (XXXIX, 5).
(3) L. 18, § 3, *eod.*

quand un père prête de l'argent au nom de son fils émancipé auquel il veut faire une donation, et que ce fils stipule cette même somme du débiteur ; dans ce cas il n'est pas douteux que la donation soit parfaite (1).

Il y aurait également donation, si, au lieu de stipuler de l'emprunteur, le fils émancipé était convenu d'avance avec le donateur de la donation ; car cette convention aurait tenu lieu d'un contrat possessoire, qui aurait transmis au donataire la propriété de l'argent.

De même, quand un dépôt doit être restitué, non pas au déposant, mais à un tiers auquel on veut donner ainsi la chose déposée, il y a donation, pourvu que le donataire intervienne à l'acte du dépôt ; car ici encore cette intervention équivaut à un constitut possessoire ; toutefois, il n'en est ainsi que du dépôt fait avec transfert de la propriété; car ce cas est absolument semblable au cas de prêt avec constitut possessoire, et si le dépôt était fait simplement sans translation de propriété, il n'y aurait pas donation (2).

Si le débiteur ne participe pas à ces diverses conventions, il n'y a pas encore de *perfecta donatio*, mais seulement indication de livrer, et la

(1) L. 34, *pr. eod.*
(2) L. 31, § 3, 1, (XXXIX, 5).

tradition que plus tard le débiteur fait au donataire complète la donation (1).

Une créance déjà existante peut faire l'objet d'une donation ; la donation s'opère alors, soit par une cession (2), soit par une délégation ; c'est par exemple le créancier qui charge son débiteur de s'engager envers le donataire (3), ou bien un débiteur qui, pour recevoir la donation qu'on lui offre, délègue le donateur à son créancier.

Toute libération d'une dette enrichit le débiteur ; si donc la libération renferme les autres éléments de la donation, elle constitue une donation véritable. Le montant de la donation est toujours égal à celui de la dette, quand même le débiteur serait insolvable, car : « ipse sibi « solvendo videtur et quod ad se attinet, dives « est. »

La remise peut s'effectuer par une *acceptilatio*, par un simple pacte, par la remise du titre, ou par un aveu en justice (4).

La renonciation faite par le créancier seul, ne vaudrait ni comme donation, ni comme re-

(1) L. 19, § 3, l. 35, § 2, *eod.*
(2) L. 2, 3, C. (VIII, 54). L. 33. C. *eod.*
(3) L. 2, § 2 ; l. 33, § 3 ; l. 21, *pr.* (XXXIX, 5).
(4) L. 29, § 1, *eod.*

mise, mais acceptée par le débiteur, elle devient un contrat et en a les effets.

Quand on paie la dette d'un tiers, avec l'intention de l'enrichir, il y a donation ; le débiteur est libéré, soit qu'on ait agi sans mandat de sa part, à son insu ou même contre sa volonté.

Intention d'enrichir.

L'aliénation et l'enrichissement qui en résulte ne suffiraient pas pour constituer une donation ; il faut encore l'intention d'enrichir de la part du donateur, troisième élément essentiel de toute donation. Il est indispensable que le donateur veuille enrichir le donataire ; quant à la volonté d'être enrichi, elle n'est pas absolument exigée de la part du donataire, comme nous essaierons de le démontrer.

Du reste, l'aliénation et l'enrichissement peuvent se produire sans qu'il y ait de la part de celui qui aliène aucune intention directe d'enrichir qui que ce soit. Ainsi l'aliénation peut s'opérer à l'insu des parties, comme en matière d'usucapion ; ou bien on peut connaître l'aliénation et non l'enrichissement : par exemple, en cas de paiement de l'indû fait par erreur ; ou bien on peut s'appauvrir et enrichir un autre sciemment, mais dans un but spécial qui exclut nécessairement l'intention d'enrichir : ainsi, celui qui fait une transaction abandonne sciemment une partie de ses prétentions ; de même l'accord que font des créanciers avec un débiteur insolvable. Il est évident qu'ici l'enrichissement, bien loin d'apparaître comme cause déterminante de l'acte juridique, n'apparaît au contraire que comme une suite de cet acte, suite à laquelle l'auteur de l'acte se résigne comme à un mal nécessaire; enfin l'enrichissement apparaît quelquefois comme une suite accidentelle, mais immanquable des rapports de famille, comme une conséquence qui résulte nécessairement de la vie commune : tel est le cas de la constitution de dot, ou bien celui où le père de famille, en émancipant son fils, renonce au droit d'usufruit qu'il a sur la moité de ses biens, ici l'enrichissement n'est pas la cause déterminante et principale de l'acte; ce n'est qu'une circonstance secondaire de l'émancipation. En dernier lieu, il est des cas où le motif déterminant de l'acte est un sentiment de piété envers une personne, l'enrichissement n'est alors qu'une conséquence secondaire, et l'acte ne saurait valoir comme donation : ainsi, un héritier testamentaire acquitte en totalité un legs à un fidéicommis sans retenir la *quarte Falcidie*. Dans tous ces cas, il n'y aura pas donation véritable, à moins toutefois qu'on établisse en fait qu'il y a eu intention d'enrichir ; car en définitive la question d'intention est une question de fait.

Mais si l'intention d'enrichir apparaissant comme une cause principale et déterminante de l'acte est indispensable pour faire de cet acte une donation, il suffit que cette intention d'enrichir existe réellement, quand bien même le donateur se proposerait un but plus éloigné, quand bien même la donation ne serait pas dictée par un sentiment de pure bienveillance et qu'il viendrait s'y mêler un motif intéressé. Ainsi le donateur pourrait faire une donation par ostentation, ou bien dans l'espoir de recevoir un jour du donataire des avantages bien plus considérables que ceux qu'il lui confère aujourd'hui ; ces vues égoïstes n'empêcheront pas l'acte d'être une véritable donation. En général, on reconnaît que la poursuite d'un but plus éloigné n'empêche pas l'existence de la donation, et l'application des règles du droit positif; il y a néanmoins un cas où la question est controversée ; c'est celui de la donation rémunératoire qui prend sa source dans la reconnaissance du donateur envers le donataire à raison de services rendus par le donataire au donateur. En principe, il est préférable d'admettre, que la donation rémunératoire ne diffère en rien de la donation ordinaire; mais cependant la nature particulière du service qui motive la donation rémunératoire peut soulever quelques difficultés. S'il s'agit, par exemple, de travaux que l'on a coutume de rétribuer en argent, que faudrait-il décider? Nous voyons là purement et simplement une question de fait, une interprétation de volonté. Le donateur a-t-il considéré les travaux comme un témoignage d'une bienveillance désintéressée, et voulu reconnaître cette bienveillance par un présent, il y a alors une véritable donation ; a-t-il au contraire, envisagé la chose comme un contrat tacite, sans fixation de salaire, pour des travaux à exécuter, le présent est-il destiné à acquitter une dette, cette intention exclut évidemment toute donation et ses conséquences. Comme exemple, de ce dernier cas, nous pouvons citer deux textes de notre titre *De donationibus* (1). Dans l'un, nous voyons que si des affranchis remettent à leurs patrons une somme d'argent qui avait été imposée comme condition de l'affranchissement, il ne faudra pas voir là une donation ; car dans l'esprit des affranchis ce n'est pas l'idée de reconnaissance qui domine ;

(1) L. 8, (XXXIX, 6). L. 19, § 1 *eod.*

mais bien l'idée d'acquitter pour ainsi dire une dette.

Dans l'autre texte, le jurisconsulte Labéon nous dit que l'on ne doit pas voir dans la récompense de services rendus la cause d'une véritable donation, l'assistance que je vous aurais prêtée dans un procès, le fait de m'être porté votre caution, ou bien l'utilité que vous aurait procurée mon industrie ou mon crédit, ne sont pas, aux yeux de Labéon, des motifs suffisants pour servir de base à une donation ; la récompense qu'on en offre est considérée comme un salaire. Il faut voir dans cette décision, une solution de fait qui n'a rien d'absolu. Pour nous convaincre du reste, que la question de savoir si telle donation rémunératoire est ou non une donation véritable, est une pure question de fait, nous ne saurions mieux faire que de rapporter la décision de Papinien dans l'espèce suivante : Aquilien Régulus avait écrit au rhéteur Nicostrate, que pour le récompenser d'avoir toujours vécu auprès de son père, et d'avoir fait son éducation, à lui Régulus, il lui donnait (*dono et permitto*) le droit d'habiter dans telle maison déterminée. Après la mort de Régulus, un débat s'éleva sur la nature de la donation. Papinien consulté, répondit : qu'on pouvait soutenir qu'il n'y avait pas là une donation proprement dite,(*non meram donationem*); mais le paiement d'anciens services, c'est-à-dire, que Régulus avait considéré ce droit d'habitation, comme un supplément d'appointements accordé à son ancien précepteur, et non comme une donation à laquelle la loi Cincia pouvait mettre obstacle ; qu'en conséquence, le droit d'habitation loin d'être un précaire devait durer toute la vie du donataire. Le jurisconsulte ajoute que, si l'*usus* de l'habitation se trouvait constitué sans formes solennelles, l'interdit possessoire serait suffisant pour maintenir l'usager en jouissance, l. 27 (xxxix, § 5). En rapprochant la loi 27 *de donationibus* de la loi 32, au même titre nous voyons deux hypothèses analogues et pourtant deux divisions opposées. Dans cette dernière loi il est dit, que dans une lettre, que Lucius Titius écrivait à un ami, il l'autorisait à habiter une partie de sa maison, et ajoutait que cette lettre devait lui servir de titre à la mort de Lucius Titius. Ses héritiers voulurent reprendre l'habitation et Scævola décide qu'ils en ont le droit.

La différence des deux solutions tient à ce que dans cette dernière hypothèse l'intention du défunt était de faire une donation, tandis que dans l'autre il n'avait eu en vue que le paiement d'honoraires ; et si dans la loi 32, on permet aux héritiers de reprendre l'habitation, c'est que la donation faite par leur auteur a été nulle, faute de mancipation, exigée, comme nous le verrons, par la loi Cincia. Le donateur lui-même eût pu la reprendre, et si on ne parle que de ses héritiers, c'est que jusqu'à sa mort il a persévéré dans sa pensée bienveillante, et que par conséquent ce n'était qu'après sa mort que devait s'élever la question sur la validité du droit.

Néanmoins, il existe un cas tout spécial où la donation rémunératoire est, à raison de la faveur du motif qui la dicte, exceptée de toute les restrictions attachées par le droit positif aux donations ordinaires, c'est-à-dire des prohibitions de la loi Cincia, de l'insinuation, de la prohibition entre époux et de la révocation pour causes déterminées; ce cas unique est celui où la donation est faite à celui qui nous a sauvé la vie (1).

Celui, qui reçoit une chose, et en rend une d'une valeur moindre, se trouve enrichi de la différence. Si telle est l'intention de l'autre partie, ce fait constitue une donation véritable. L'acte juridique renferme une donation partielle, et pour cette partie, le droit que l'acte confère doit être regardé comme une donation. Il y a alors *negotium mixtum*.

(1) L. 34, § 1, (XXXIX, 5).

Jusqu'à présent nous ne nous sommes occupés que de l'intention du donateur ; demandons-nous maintenant si le donataire doit avoir une intention corrélative, c'est-à-dire, si pour qu'il y ait donation il est indispensable que le donataire consente à l'acte juridique émané du donateur ; en autres termes voyons si la donation est un contrat?

Par exemple, je vends sciemment quelque chose au-dessous de sa valeur, pour enrichir celui qui achète, et celui-ci ignore cette intention bienveillante ; ou bien je paye la dette d'autrui en vue d'enrichir le débiteur. Ces actes juridiques ne sont-ils pas des donations parce que le donataire n'a pas consenti à l'enrichissement?

Cujas (1) et plusieurs autres auteurs répondent négativement, et soutiennent que l'acceptation du donataire est toujours indispensable pour la validité de la donation. Ainsi, d'après eux, l'acte juridique qui ne serait pas accepté du donataire, alors même qu'il serait accompagné des deux autres éléments essentiels à la donation, ne pourrait pas, par exemple, servir de *justa causa* à une acquisition ; un tel acte ne serait pas non plus soumis aux restrictions des donations, c'est-à dire aux règles spéciales qui en précisent les limites.

(1) *Obs.* XII, 28 et *Consult.* N. 43.

De telles conséquences ne sauraient être admises en présence de textes aussi formels que la loi 23 *De solut.* (XLVI, 3), ainsi conçue : « Solutione, et inviti et ignorantes liberari possumus», et que les lois 7, § 7 et 50 *pr. De don. int. vir.* (XXIV, 1).

Que voyons-nous, en effet, dans ces différentes lois? Dans la première, nous sommes forcés de reconnaître que la donation, quand bien même le donataire en ignore le paiement, sera accomplie à l'insu du donataire, puisqu'il se trouvera libéré sans être exposé à aucun recours.

Dans les deux autres textes, qui supposent un mari payant tout ou partie des dettes de sa femme, nous rencontrons la prohibition de semblables donations.

Que faut-il en conclure? sinon que la volonté du donataire n'est pas toujours indispensable à la validité d'une donation, et, par conséquent, que toute donation n'est pas un contrat.

Le plus souvent, il faut le reconnaître la donation résulte d'actes juridiques ayant par eux-mêmes la nature d'un contrat ; et c'est ce qui a induit certains auteurs en erreur ; c'est aussi en ne songeant qu'à ce qui arrive le plus fréquemment qu'Ulpien nous dit, dans la loi

19, § 2 *De donat.* : *Non potest liberalitas nolenti acquiri.*

Cela posé, et en nous plaçant au même point de vue qu'Ulpien, demandons nous dans quelles formes le donateur doit manifester sa volonté d'enrichir le donataire. La réponse est facile : Les formes de la manifestation de son intention seront déterminées par la nature particulière de l'acte juridique qu'il accomplira.

Quant au donataire, son consentement n'est assujetti à aucune forme. Il peut être tacite, et même, comme une donation est chose désirable, il s'induit généralement de toutes les circonstances qui peuvent le faire supposer : son refus positif empêche seul l'existence de la donation (1).

Depuis l'offre du donateur jusqu'à l'acceptation du donataire, la donation reste en suspens ; de sorte que, pendant ce temps, le donateur peut rétracter sa volonté. Si, au moment de l'acceptation, le donateur n'a plus la capacité de vouloir, s'il est mort ou frappé d'aliénation mentale, la donation n'a jamais existé (2).

Comme application du concours de volonté chez le donateur et le donataire, étudions l'hy-

(1) L. 10, (XXXIX, 5) ; L. 12, § 8, (XVII, 1).
(2) L. 2, § 6, (XXXIX, 5).

pothèse que nous présente Ulpien dans la loi 19, § 3, *De donationibus* : Si quelqu'un, dit-il, a prêté de l'argent à Titius, le chargeant de le rendre à Séius, que lui, prêteur, voulait en gratifier, et si le donateur étant mort, Titius rend l'argent à Séius, que faut-il décider? Sans nul doute, Séius est devenu propriétaire de la somme remise, sans qu'on ait à distinguer si Titius, au moment où il la remettait, connaissait ou non la mort du donateur; Séius est devenu propriétaire, puisqu'il a reçu l'argent de Titius, à qui il appartenait réellement. Cependant, à l'égard de l'héritier du donateur, il importe de savoir si Titius, au moment du paiement, avait ou non connaissance de la mort du donateur. En effet, Titius avait reçu un mandat révocable; or, par la mort du donateur, le mandat se trouvait révoqué. Si donc Titius, connaissant la mort du mandant, a exécuté le mandat, il est responsable envers son héritier; il n'est pas responsable, au contraire, s'il a exécuté le mandat étant encore dans l'ignorance de la mort du mandant.

Quant à la position de Séius, quelle est-elle? A son égard, la donation est-elle valable? Non, elle est nulle, car il ne l'a acceptée qu'après la mort du donateur. L'héritier du donateur a donc contre lui une *condictio sine causa* pour se faire restituer la somme, action qu'il doit céder à Titius si celui-ci est responsable d'avoir payé mal à propos. De même, si j'avais simplement chargé Titius de donner la somme sans la lui avoir remise auparavant, il n'aurait l'*actio mandati* contre mon héritier, pour le paiement fait après ma mort, que s'il l'avait ignorée.

Dans les cas nombreux où la donation résulte d'actes juridiques ayant la nature d'un contrat, que faut-il décider si la volonté de l'une des parties ou de toutes les deux repose sur une erreur.

Quand le donateur se trompe sur la personne du donataire, il n'y a pas donation; mais si c'est le donataire qui croit recevoir d'une personne, tandis qu'en réalité, c'est une autre qui fait la libéralité, la donation, qui subtilement pourrait être déclarée nulle, est traitée plus favorablement; on la déclare valable (1). Le motif de la différence entre ces deux erreurs est qu'il est plus grave qu'une personne, qui n'était pas destinée à recevoir, soit enrichie, qu'il n'est regrettable que la reconnaissance du donataire, qui devait se porter sur le vrai donateur, se porte sur une autre personne. Ce dernier intérêt, du reste, trouve satisfaction complète dans la rectification de l'erreur.

(1) L. 25, (XXXIX, 5).

Remarquons enfin, que la donation qui résulte d'un contrat peut, comme tout autre contrat concernant les biens, être subordonnée à l'arrivéede conditions, de termes, et aussi à des modalités diverses.

Parmi les donations conditionnelles la plus remarquable est, sans contredit, la donation à cause de mort. Elle mérite que nous en disions quelques mots.

La donation à cause de mort est celle faite par un homme, en vue de sa mort. Mais qu'on ne s'y trompe pas; il se pourrait très bien qu'une donation fût faite par un homme sur le point de mourir, sans que pour cela, il y eût donation à cause de mort.

La donation à cause de mort a pour caractère essentiel, le prédécès du donateur; autrement dit, le droit sera caduc, si le donataire meurt avant le donateur. Il y a deux circonstances dans lesquelles peut se présenter une donation à cause de mort : il peut y avoir donation à cause de mort, lorsqu'elle est faite sous la condition que le donateur périra dans tel événement déterminé; ou bien lorsqu'elle est faite sous la condition que le donateur mourra avant le donataire. Dans le premier cas, la donation est sous condition suspensive, c'est-à-dire qu'il faut attendre l'arrivée de la condition, pour que le droit puisse être réclamé ; dans le second, la donation est parfaite aussitôt que l'acte juridique qui doit l'opérer est accompli ; seulement elle sera résolue, si le donataire prédécède le donateur. Là, ce n'est plus, comme dans le premier cas, la validité de la donation qui est sous condition suspensive, c'est la résolution.

Nous avons dit qu'il était de l'essence de la donation à cause de mort, d'être révoquée par le prédécès du donataire, disons qu'il est de sa nature, mais de sa nature seulement, d'être révocable au gré du donateur (1).

La donation à cause de mort peut, comme la donation entre vifs, avoir pour objet, ou un transport de propriété, ou une obligation ou une remise de dette. Dans l'ancien droit, la translation de propriété s'opérait par une mancipation à laquelle on ajoutait soit un contrat de fiducie, soit un pacte par lequel le donataire s'engageait à retransférer la propriété au donateur, si celui-ci se repentait d'avoir donné, ou s'il survivait au donataire. Le donateur avait alors, pour le cas où il se repentait et voulait révoquer sa libéralité, soit une action de fiducie; soit une *condictio*, s'il y avait eu stipulation, soit une action *prescriptis verbis*, s'il n'y avait eu qu'un simple pacte, et pour le cas où la condi-

(1) L. 13, § 1, L. 27, (XXXIX, VI).

tion de survie viendrait à s'accomplir et à résoudre la donation, une *condictio quasi non re secuta*. Cette action était personnelle, et la générosité des jurisconsultes n'en accordait pas d'autre au donateur. Mais Ulpien, toujours progressif, admet que par cela seul que le donateur veut révoquer ou que le donataire prédécède, la propriété se trouve faire retour au donateur. *Defendi potest, in rem donatori actionem competere* (1).

Avec une telle doctrine, si le donataire avait grevé la chose donnée de droits réels , tout s'évanouissait à l'égard des tiers détenteurs, comme à l'égard des donataires.

Justinien admet cette doctrine favorable d'Ulpien.

Si la donation est conditionnelle pour le cas de décès, dans tel événement, jusqu'à l'arrivée de cette condition le donateur reste propriétaire; il a seul l'action réelle en revendication, le donataire n'a encore ni droit échu, ni action; si donc le donateur rétracte sa libéralité ou si la condition du décès vient à défaillir, le donataire n'a jamais eu de droit, et le donateur peut exercer contre lui la revendication si le donataire possède la chose. Si au con-

(1) L. 29, (XXXIX, VI).

traire, la condition du décès s'accomplit, le donataire devient, par cela seul, propriétaire : jadis en vertu de la tradition ou de la mancipation conditionnelle qui lui a été faite, sous Justinien, même sans aucune tradition.

Règles spéciales aux donations.

Nous avons terminé l'étude des éléments essentiels de toute donation; il nous reste à parler maintenant des règles restrictives qui étaient imposées aux donations dans le droit romain. Ces règles avaient trait : 1° à la capacité des personnes; 2° aux formes spéciales pour la déclaration de volonté ; 3° à la révocation de l'acte juridique. Nous connaissons déjà ce qui touche à la qualité des personnes; c'est par là que nous avons ouvert notre dissertation, et nous nous sommes expliqués alors sur cette méthode d'exposition; nous allons nous occuper à présent des autres règles qui viennent apporter des restrictions à la liberté des parties.

Et d'abord occupons nous des formes dans lesquelles la volonté de donner devait se manifester.

A l'origine, la donation n'était pas un contrat, un engagement entre parties; c'était une translation de la propriété (*datio*) qui avait lieu par libéralité (*dono*), et qui s'opérait suivant les règles ordinaires, par la mancipation ou par la cession *in jure* pour les choses *mancipi*, et par la seule tradition pour les choses *nec mancipi*.

La convention par laquelle une personne aurait promis à une autre, soit par écrit, soit verbalement, de lui donner une chose, n'aurait produit aucun effet, n'aurait engendré ni droit, ni obligation de part et d'autre : « Pro« fessio donationis apud acta factæ, cum ne« que mancipationem, neque traditionem sub« secutam esse dicat, destinationem potius li« beralitatis, quam effectum rei actæ conti« net (1). » Cela provenait de ce que la convention de donner, n'était pas dans le principe au nombre des conventions prévues et consacrées formellement par l'ancien droit civil, comme obligatoires; elle n'était pas un contrat; elle n'était qu'un simple pacte, c'est-à-dire, une convention non obligatoire par elle-même; et quand le donateur voulait s'obliger, il devait promettre la chose avec les formes solennelles de la stipulation.

Ce fut Antonin-le-Pieux qui, le premier, vou-

(1) *Frag. vat.* § 266.

lut que la donation fût valable par le seul consentement, lors même qu'il n'y aurait eu ni tradition, ni mancipation. Mais cette innovation était limitative, en ce qu'elle n'existait que pour les donations *inter parentes et liberos*. Elle fut rendue générale par Justinien qui déclare la donation parfaite par le seul consentement; parfaite, non pas dans ce sens, que la donation transfère par elle-même, de plein droit et sans tradition, la propriété au donataire, mais en ce sens qu'elle engage le donateur, qui peut être actionné à l'effet de livrer la chose donnée.

Ainsi la simple convention de donner qui, dans le principe, était incapable de créer une obligation, est arrivée, à mesure que la législation s'est débarrassée des entraves formalistes de l'ancien droit romain, jusqu'à être suffisante pour faire naître des obligations. Sous Justinien, la donation est devenue un pacte légitime. En général, le simple pacte ne produisait pas d'obligation civile, par exception certains pactes en produisaient, et quand c'était une constitution impériale qui leur avait donné cette force, on les appelait pactes légitimes. Mais avant d'en arriver là, les formes assignées aux donations changèrent fréquemment, et parmi ces changements, il en est deux qui se distinguèrent des autres par leur importance, et aussi par l'influence qu'ils ont exercée sur la législation justinienne : je veux parler de la loi Cincia et de l'insinuation.

La loi Cincia remonte à l'an 550 de Rome; son principal but fut de réprimer le trop grand nombre et la trop grande valeur des donations. S'il faut en croire Polybe, dans les premiers temps les donations étaient fort rares à Rome, et lorsque Publius Scipion fit une donation à sa mère, cela causa un grand étonnement, parce qu'à Rome personne ne faisait de libéralité. Mais dans la suite l'excès contraire se manifesta, et les donations devinrent si fréquentes qu'il fallut mettre un frein à cette fureur de donner. Macrobe nous rapporte (1) que le tribun Publicius, pour réprimer l'avarice des riches, qui à l'époque des saturnales exigeaient de leurs clients des présents somptueux, porta une loi en vertu de laquelle, on ne pouvait offrir aux riches à l'époque des fêtes de Saturne que des torches destinées à orner les autels du Dieu. Outre ces libéralités d'usage, il paraît que les dons exigés des plaideurs par les orateurs qui les avaient défendus ou qui devaient les défendre, à l'époque surtout où c'était dans la classe aristocratique que se renfermaient principalement les

(1) Macrobe, liv. 7. *Satur.*

connaissances et la pratique du droit, avaient fini par dégénérer en exactions des praticiens contre les plébéiens. Une réaction populaire contre cet abus, jointe sans doute à des considérations plus générales, fit décréter un plébiscite, la loi Cincia, proposée par le tribun Cincius.

Cette loi contenait deux chapitres : Dans un premier, il était défendu à l'avocat de se faire payer d'avance : *Ne quis ob causam orandam pecuniam, donumve accipiat.*

Dans un second chapitre, la loi fixait une certaine somme (*certus modus*) qu'on ne devait pas dépasser dans les donations. Cette somme (*maximum*) nous est restée inconnue. On ignore si c'était un chiffre fixe ou bien une fraction de la fortune du donateur.

Certaines personnes étaient exceptées des dispositions de la loi, et par conséquent pouvaient recevoir au delà du *certus modus*. Ces personnes étaient les cognats, jusqu'au cinquième degré, et au sixième, le *sobrinus* et la *sobrina* ; les personnes *in potestate, manu, mancipiove ;* certains alliés, le mari et la femme, le fiancé et la fiancée, le tuteur, s'il veut donner au pupille, le patron, s'il reçoit de ses affranchis, mais non pas réciproquement (1).

(1) *Vat. frag.* §§ 298 à 309.

L'application de la loi Cincia présentait quelques bizarreries, suivant la nature des choses qui avaient été l'objet de la donation.

Ainsi les *res mancipi* ne pouvaient être données que par la mancipation ou l'*in jure cessio*, et il fallait en outre une possession de nature à procurer la protection des interdits.

Fixons tout d'abord en cette matière deux points importants : d'abord l'inobservation des formalités prescrites par la loi n'entraînait pas la nullité de l'acte comme pour les donations entre époux; là sanction de la loi Cincia était de protéger le donateur qui se repentait de sa libéralité, en lui ouvrant certaines voies de droit contre la demande du donataire.

Si, par exemple, une maison avait été donnée au moyen de la mancipation, sans transmission de la possession conférant les interdits, le donataire avait la propriété, et conséquemment le droit de revendication; mais on pouvait lui opposer l'exception *legis Cinciæ*. Il résultait de là que si, au contraire, la possession de la maison avait été livrée, mais sans mancipation, ce vice de forme pouvait bientôt se couvrir au moyen de l'usucapion, et deux années une fois expirées, la donation devenait inattaquable.

Le second point à remarquer, était que le

droit de faire annuler les donations pour omission de ces formalités était personnel au donateur; si donc celui-ci mourait sans avoir attaqué la donation, ce droit ne passait pas à ses héritiers. Sur le point de savoir quand une donation *supérieure au taux fixé* était parfaite, une divergence existe entre les jurisconsultes : suivant les uns la tradition suffisait quant aux choses *nec mancipi*, pourvu que, pour les choses mobilières, le donataire eût une possession qui lui assurât gain de cause dans l'interdit *utrubi*. Mais quant aux choses *mancipi*, il suffisait de la mancipation ou de *l'injure cessio* ou bien, s'il n'y avait eu que tradition, de l'usucapion *pro donato*.

Tel est le système exposé par M. de Savigny. Mais M. Pellat combat victorieusement cette doctrine. Les textes du Vatican ne disent pas du tout que pour les choses *mancipi*, à l'égard d'une personne non exceptée : « Perficitur donatio sola mancipatione; » mais au contraire : « sola « mancipatio non perficit donationem (1); tra- « ditione atque mancipatione perficitur (2); » la mancipation ne suffit donc pas; il faut encore la tradition. En d'autres termes, pour que la donation soit parfaite, c'est-à-dire, pour que le

(1) *Frag. vat.* §§ 310, 311.
(2) *Frag. vat.* § 313.

donateur ne soit plus en position d'invoquer contre le donataire l'appui de la loi Cincia, il faut que le donataire ait obtenu non seulement la propriété; mais encore la possession, et une possession inattaquable de la part du donateur. En effet, le donateur ne pouvant tirer de la loi qu'une exception ou une réplique et non une action, ne peut faire valoir cette exception qu'autant que le donataire agira contre lui, et cette réplique qu'autant qu'agissant lui-même contre le donataire, il se verra opposer par celui-ci l'exception *rei donatæ traditæ*.

Cela posé, parcourons les diverses hypothèses qui peuvent se présenter.

1° Donation d'une chose *mancipi* immobilière (fonds italique). Si elle a été mancipée ou cédée *in jure* et non livrée, la donation n'est point parfaite. Le donataire est, il est vrai, propriétaire; mais s'il revendique contre le donateur, il sera repoussé par l'exception *legis Cinciæ* (bien entendu nous supposons que le donateur est une personne non exceptée). Si elle a été seulement livrée, le donateur est resté propriétaire, il peut tant que l'usucapion n'est pas accomplie, revendiquer contre le donataire, et si celui-ci oppose l'exception *rei donatæ et traditæ*, le donateur la paralysera au moyen de la réplique *legis Cinciæ*. Il faut donc, pour que la donation soit parfaite, pour que le donateur soit en complète sécurité, qu'il ait obtenu la propriété (par la mancipation ou l'*in jure cessio*) afin que le donateur ne puisse pas revendiquer contre lui, et la possession (par la tradition) afin qu'il n'ait pas lui-même besoin de revendiquer contre le donateur.

2° Donation d'une chose *mancipi* mobilière. Il ne suffira pas, comme dans le cas précédent, que le donataire ait tout à la fois la propriété et la possession, il faudra encore que sa possession ait une durée suffisante pour lui assurer gain de cause dans l'interdit *utrubi*, où le vainqueur n'était pas, comme dans l'interdit *uti possidetis* celui qui avait la possession actuelle, mais celui qui avait eu la plus longue possession dans la dernière année. Tant que le donataire n'aura pas possédé assez longtemps, le donateur pourra, au moyen de cet interdit *utrubi*, le déposséder du meuble livré, et le mettre ainsi dans la nécessité d'exercer une revendication qui sera repoussée par l'exception de la loi Cincia.

3° Donation d'une chose *nec mancipi* immobilière (fonds provincial). La tradition suffit, puisqu'elle transfère tout à la fois la possession et la propriété.

4° Donation d'une chose *nec mancipi* mobilière. Il ne suffira pas que le donataire ait obtenu par la tradition la possession, et la propriété, il faudra encore que sa possession se soit prolongée assez longtemps pour qu'il n'y ait rien à craindre de l'interdit *utrubi.*

Au surplus, la loi Cincia ne mettait aucun obstacle à la translation de la propriété. Elle n'annulait pas l'effet translatif de la mancipation, de l'*in jure cessio*, de l'usucapion pour tout ce qui excédait le taux qu'elle fixait; seulement au cas où une donation excédant le taux fixé était faite à une personne non exceptée, la loi Cincia offrait au donateur une exception ou une réplique, si la donation n'était point *parfaite*, etc., en prenant ce mot dans le sens que nous avons développé ci-dessus. Cette exception était du reste perpétuelle, si le donateur avait oublié de s'en prévaloir, il aurait eu encore un refuge dans la *condictio indebiti*, de telle sorte que, si le donateur s'étant obligé sur stipulation *donationis causa*, avait payé sans opposer l'exception de la loi Cincia, il pouvait répéter par la *condictio indebiti* la chose par lui donnée en paiement.

Mais cette exception était-elle transmissible aux héritiers du donateur? Les Sabiniens tenaient pour la négative; les Proculéiens proposaient l'opinion contraire. Mais les deux systèmes arrivaient au même résultat, puisque les

Proculéiens, en transmettant à l'héritier du donateur l'exception de la loi Cincia, accordaient en revanche au donataire, pour paralyser cette exception, une réplique de dol, quand le donateur n'avait pas changé de volonté avant sa mort, et cela conformément à un rescrit de l'empereur Alexandre Sévère.

Sous Justinien, la loi Cincia est tombée en désuétude ; cependant certains textes qui y ont trait, ont été négligemment insérés au Digeste, au titre *de Donationibus*.

Les donations ne furent pas seulement soumises aux exigences de la loi Cincia ; beaucoup plus tard, vers l'an 316 après J.-C., nous voyons des formalités nouvelles imposées aux donations.

A cette époque, une constitution de l'empereur Constantin avait prescrit, non pas à peine de nullité, mais plutôt à titre de conseil, que les donations fussent faites au moyen d'un écrit passé devant témoins, c'est-à-dire que les conventions de donner fussent constatées par écrit; de plus, il invitait encore les parties à faire la tradition des choses données en présence de témoins. L'écrit devait être signé des parties.

Cette constitution de Constantin nous est parvenue en trois éditions; et l'on peut dire que la seconde et la troisième ont été revues et augmentées. La première édition se trouve dans les Fragments du Vatican, § 249; la seconde sous la loi 1 *de Donationibus* au code Théodosien, et la troisième dans la loi 25 au code de Justinien.

Sous Justinien, la règle de Constantin a complètement disparu, abrogée qu'elle avait été déjà par les empereurs Théodose et Zénon; aussi lisons-nous aux Instituts : « Cum donator « suam voluntatem scriptis aut sine scriptis « manifestaverit, perficiuntur donationes » Seulement une formalité existe encore sous Justinien, formalité qui fut suivie dans notre vieux droit français, et qui a persisté dans notre législation jusqu'à la rédaction du code, je veux parler de l'insinuation.

L'insinuation consistait dans la constatation faite par le juge sur des registres publics de la convention de donner qui avait eu lieu. La nécessité de cette insinuation, suivant les termes de la constitution, était admise pour qu'on ne pût tromper personne, et qu'on ne pût faire de libéralités cachées. Elle se trouve mentionnée par Constantin dans sa constitution de l'an 316; mais comme on peut en juger d'après les termes mêmes de cet acte législatif, ce n'est pas une innovation de l'empereur; elle existait avant lui. C'est, du moins, ce que nous affirme une constitution de l'an 319, qui forme la loi, *de sponsalibus* au code Théodosien, et qui attribue l'établissement de l'insinuation à Constance Chlore, le père de Constantin. Constance dispensait de l'insinuation les mêmes personnes que celles exceptées par la loi Cincia; mais cette dispense fut supprimée par Constantin.

A partir de cet empereur, toute donation entre-vifs dut être insinuée. Ce ne fut qu'en 428 qu'il fut décidé que les donations *ante nuptias*, c'est-à-dire faites par le futur mari à sa future femme, seraient dispensées de l'insinuation si elles ne dépassaient pas 200 solides; enfin Justinien, par une constitution de l'an 531, dispense de l'insinuation toute donation entre-vifs qui ne dépassera pas 500 solides, ce qui représenterait chez nous à peu près 6250 francs, le solide, du temps de Justinien, valant environ 12 francs 50 de notre monnaie.

Par exception on avait dispensé de l'insinuation les donations faites par l'Empereur ou à l'Empereur, celles que les chefs de troupes faisaient à leurs soldats; celles faites pour le rachat des prisonniers; celles qu'on faisait à ceux dont la maison avait été la proie d'une ruine ou d'un incendie; celles faites à des monastères dans lesquels on entrait, et enfin les donations à cause de mort, et celles faites *nomine dotis*, même par un étranger.

Des questions diverses se sont présentées sur l'application de l'insinuation. Ainsi que décider quand il s'agit d'une donation qui a pour objet une rente qui doit s'éteindre soit à la mort du créancier, soit à la mort du débiteur. En supposant que les arrérages ne dépassent pas 500 solides, l'insinuation est-elle ou non nécessaire? Il pouvait y avoir doute; car on ne pouvait pas savoir *ab initio*, si la donation dépassait ou non 500 solides. Justinien décida que toutes les fois qu'il s'agirait d'une rente dont les arrérages ne dépasseraient pas 500 solides, l'insinuation ne serait pas nécessaire.

La sanction de la nécessité de l'insinuation était la nullité absolue, non pas de toute la donation, mais de ce qui excédait les 500 solides. (1) Cela est assez remarquable; deux conséquences résultent de cette sanction.

1° S'il s'agit d'un corps certain valant plus de 500 solides et donné entre vifs sans insinuation, le donateur et le donataire se trouvent co-propriétaires par indivis.

2° Si par hasard le donateur n'était pas propriétaire de la chose donnée, le défaut d'insinuation fait que pour ce qui excède 500 solides,

(1) L. 34, *pr.* C. (VIII, 54).

le donataire n'aura pas une *justa causa usucapionis*, et qu'il ne pourra usucaper que jusqu'à concurrence du taux légal.

Nous avons dit que parmi les règles spéciales qui régissent les donations certaines avaient trait à leur révocation. Nous allons rapidement les exposer.

En matière de donation, la révocation peut avoir lieu, d'abord si elle a été formellement stipulée en cas d'inexécution des charges imposées au donataire; ensuite, lorsque la donation est nulle d'après les règles du droit positif, c'est-à-dire si elle est faite entre époux ou sans être insinuée.

Indépendamment de ces motifs généraux, les donations peuvent être révoquées pour certaines causes spéciales.

A ce point de vue, il y a deux sortes de révocations: l'une exercée par un tiers dont les droits se trouvent lésés et partant exercée contre la volonté du donateur, l'autre exercée par le donateur lui-même par suite d'un changement de volonté.

La révocation exercée par un tiers se présente dans deux cas:

1° L'*inofficiosa donatio*, quand de proches parents voient leur légitime entamée par des donations ;

2° L'*actio Pauliana*, quand des créanciers sont frauduleusement frustrés par leur débiteur donateur.

La révocation exercée par le donateur lui-même se présente d'abord dans le cas de survenance d'enfant. A l'origine, quand la donation avait été faite par un patron à son affranchi, bien qu'elle fût qualifiée donation entre-vifs, on avait admis qu'elle était révocable au gré du donateur; mais si le patron donateur venait à mourir sans avoir révoqué sa libéralité, ses héritiers, quels qu'ils fussent, ne pouvaient plus la révoquer (1).

Plus tard, cette faculté illimitée, accordée au patron ayant paru exorbitante, on décida que la révocation ne pourrait plus s'exercer capricieusement au gré du donateur; qu'elle ne serait plus permise qu'en cas d'ingratitude de l'affranchi, et aussi en cas de survenance d'enfant au patron donateur. On partit de cette idée, que le patron qui devient père, se repent de la donation qu'il a faite à une époque où il ne connaissait pas l'affection paternelle (2).

Il y a encore révocation de la donation par la volonté du donateur, dans le cas d'ingratitude du donataire envers le donateur. Cette

(1) *Frag. vat.* §§ 272, 313.
(1) L. 8, C. *de revocand donat.*

cause de révocation est un reste de l'ancien privilége du patron qui pouvait révoquer à son gré.

Nous avons à ce sujet une constitution de l'empereur Philippe, qui nous est parvenue en deux éditions; l'une, qui est la plus ancienne, et qui se trouve au § 272 des fragments du Vatican; l'autre, qui forme la loi première au Code Justinien, *de revocandis donationibus*, et qui a été corrigée par cet empereur.

La faculté de révoquer pour ingratitude fut d'abord étendue du patron à l'ascendant donateur, comme nous le fait savoir la loi 7 au Code *de donationibus*, et la loi 31 au Digeste du même titre. Ce dernier texte, qui est de Papinien, a très probablement été corrigé par les rédacteurs des Pandectes; car au temps de Papinien, cette faculté n'existait pas encore.

La révocation pour cause d'ingratitude fut généralisée par Justinien ; ainsi tout donateur peut révoquer pour ingratitude du donataire.

Cette révocation est personnelle au donateur, et à moins qu'avant de mourir il n'ait manifesté la volonté de révoquer, ses héritiers ne le pourront faire.

Au regard du donataire, cette révocation est une peine; aussi ne peut-elle être exercée que contre le coupable et non pas contre ses héritiers.

La question de savoir s'il y avait eu ou non ingratitude, n'avait pas été laissée à la discrétion du juge. Il n'y avait que cinq cas dans lesquels on voyait une ingratitude suffisamment caractérisée, savoir :

1° Pour injures graves verbales ;

2° Pour voies de fait contre la personne du donateur ;

3° Pour une perte considérable causée au donateur par les manœuvres du donataire, pourvu que cette perte ait frappé la fortune du donateur ;

4° Pour un danger de mort, que le donataire aurait fait courir au donateur ;

5° Pour le refus, par le donataire, de remplir les conditions de la donation ;

Sous Justinien, la révocation fondée sur cette dernière cause, pouvait être demandée contre les héritiers du donateur.

DROIT FRANÇAIS.

DE LA TRANSCRIPTION.

C'est une question qui intéresse au plus haut point la sûreté des transactions privées, et par conséquent la prospérité générale, que celle de savoir dans quel cas un individu peut se considérer et être considéré par les autres, comme ayant d'une manière incontestable le droit de propriété ou l'un de ses démembrement sur une chose immobilière.

Aussi a-t-elle de tout temps et dans tous pays préoccupé vivement les législateurs, et a-t-elle reçu, suivant les époques, les solutions les plus diverses. Nous n'en voulons pour preuve que les variations que nous trouvons sur cette matière dans les législations romaine et française, variations également curieuses à étudier au point de vue des progrès sociaux et au point de vue de la science du droit; car, c'est d'une liaison intime que les différentes phases traversées à Rome et en France par cette importante question se trouvent liées aux phases diverses qu'a traversées la civilisation dans ces deux pays.

C'est cette question qui fera le sujet de notre dissertation.

Pour suivre une marche méthodique, et pour faire ressortir les transformations successives des deux législations, il nous a paru nécessaire de les examiner séparément : la législation romaine la première, la législation française la seconde. Ainsi nous arriverons aux règles qui nous régissent aujourd'hui et l'aperçu historique dont nous les aurons fait procéder, tout en nous en faisant apprécier l'urgente nécessité, n'aura fait, nous l'espérons du moins, que contribuer à les éclaircir.

La question que nous allons étudier est complexe : elle se décompose, pour ainsi dire, en deux autres ayant l'une, une sphère restreinte, l'autre au contraire une sphère illimitée. La première de ces questions a pour objet le résultat atteint vis-à-vis d'elle-même par deux personnes, dont l'une aliène et l'autre acquiert ; la seconde a pour objet le résultat produit par cette même transmission, non plus vis-à-vis des auteurs mêmes de cet acte, mais à l'égard de toute autre personne.

Nous aurons donc à rechercher dans les deux législations, d'abord, à quelles conditions un individu pouvait lui-même se considérer comme étant incontestablement propriétaire d'une chose immobilière, c'est-à-dire quelles modifications a subies la transmission de la propriété entre les parties (l'aliénateur et l'acquéreur) ; ensuite, à quelles conditions ce même individu pouvait, aux yeux de toute personne, être regardé comme propriétaire incontestable, autrement dit, quelles modifications a subies la transmission de la propriété à l'égard des tiers.

DROIT ROMAIN.

Le vieux droit romain nous montre la transmission de la propriété sur certains objets soumise à des règles positives et environnée de formes solennelles destinées à frapper les esprits et les yeux.

C'est ainsi que les choses *mancipi* ne pouvaient être aliénées et acquises que par la *mancipatio* ou l'*in jure cessio*, l'*adjudicatio* ou la loi ; or, les choses *mancipi* étaient pour les Romains les biens les plus précieux ; c'étaient, comme nous le dit Ulpien, les fonds italiques, les servitudes rustiques, les esclaves et les bêtes de somme.

Ces biens pouvaient être transmis par la mancipation, cérémonie qui consistait en rites particuliers, tels que l'emploi de paroles et de gestes consacrés, prononcées et exécutés en présence du *libripens* et de cinq témoins. L'*in jure cessio* était aussi un moyen d'acquérir la propriété des choses *mancipi* ; c'était encore une cérémonie originale, une sorte de procès fictif dans lequel l'acquéreur prétendait être le véritable propriétaire de la chose, objet de la transmission, et dans lequel l'aliénateur ne contredisait pas son prétendu adversaire.

Ces formes parlaient aux yeux ; elles étaient destinées à frapper l'esprit des parties, à les convaincre, pour ainsi dire, matériellement de l'aliénation que l'une venait de faire, et de l'acquisition faite par l'autre.

Si au lieu de choses *mancipi*, on voulait transmettre des choses *nec mancipi*, malgré l'infériorité de valeur que ces dernières avaient aux yeux des Romains, il fallait cependant encore pour leur aliénation des formes extérieures ; mais, comme si ces formalités étaient mesurées sur la faveur accordée aux biens qu'elles étaient destinées à transmettre, elles étaient beaucoup plus compliquées et solennelles quand il s'agissait de *res mancipi* que lorsqu'on transmettait des choses qui ne l'étaient pas. Pour celles-ci, la tradition suffisait ; mais il fallait une tradition réelle, une remise effective de la possession. Ici donc encore, même pour la transmission des choses peu importantes, la nécessité de formes extérieures.

Tel était le génie naissant des Romains. Ils avaient compris que la propriété étant précieuse, surtout à des hommes à peine sortis de la barbarie, il importait au plus haut point, quand elle venait à changer de mains, que ce changement restât gravé dans l'esprit de celui qui l'abandonnait et de celui qui la recevait ; ils avaient voulu que la séparation du propriétaire d'avec sa chose fût visible, matérielle, tangible, que l'appréhension du nouveau propriétaire, fût-elle même extérieure et corporelle, ils avaient exigé enfin quand il s'agissait des biens les plus précieux, ces formes solennelles et symboliques qui touchaient de si près au merveilleux, ce mobile puissant des peuples en bas âge, et en particulier du peuple romain.

On pourrait croire, d'après cela, que cette solennité des formes, qui était de l'essence même de la transmission de la propriété, ne bornait pas ses effets à une limite restreinte, mais bien qu'elle les étendait au loin; en d'autres termes, il ne serait pas déraisonnable de penser, que si les entraves formalistes qui gênaient la circulation des biens avaient pour but et pour résultat de faire qu'une personne (l'acquéreur), pût se considérer comme véritable propriétaire de la chose transmise, vis-à-vis d'une autre personne (l'aliénateur); elles avaient en même temps pour cause et pour effet, que l'acquéreur, non-seulement se considérât lui-même comme propriétaire incontestable vis-à-vis de son aliénateur, mais encore qu'il fût considéré comme tel vis-à vis de tout le monde.

Cette pensée ne serait pas déraisonnable; mais je crois qu'elle serait erronée; je ne pense pas que les Romains, en imaginant les formes matérielles que nous connaissons, aient cherché à frapper les yeux de tous et à avertir les tiers que c'était telle ou telle personne qui était véritable propriétaire de telle ou telle chose; ce sont là des idées qui ne devaient pas être nées encore à l'époque de la création des formalités exigées pour la transmission de la propriété; elles n'ont dû naître que plus tard, à mesure que les transactions privées prirent du développement, et qu'on sentit le besoin, pour qu'une confiance aveugle en la bonne foi des hommes ne pût être indignement trompée, de faire connaître à tous la fortune de chacun, et de jeter ainsi le fondement du crédit.

Ce qui nous porte à croire que telle fut la marche des choses, et que la nécessité des formes spéciales fut introduite seulement pour saisir l'imagination des parties, et nullement pour sauvegarder l'intérêt des tiers ; c'est que nous remarquons en avançant peu à peu vers l'époque où les mœurs, devenues plus douces, les relations plus fréquentes, les idées plus saines, la bonne foi commence à paraître, qu'insensiblement aussi les entraves formalistes se relâchent, pour se briser à jamais lorsqu'en droit, sinon en fait, la bonne foi a définitivement inauguré son règne.

N'est-ce pas à l'époque où la bonne foi est la plus attentive aux intérêts des tiers, que l'on voit le droit simplifier les formes pesantes, laisser tomber la mancipation et l'*in jure cessio* en désuétude, et affaiblir la publicité de la tradition au lieu de la développer? N'est-ce pas alors qu'apparurent les traditions feintes, le constitut possessoire, le précaire, toutes clauses aussi inconnues des tiers que la convention même de transférer la propriété, et qui pourtant rendaient l'acheteur propriétaire à l'égard de tout le monde? Qu'en conclure encore un coup, sinon qu'à Rome on s'était préoccupé pour ainsi dire avec passion de régler les effets de la transmission de la propriété entre les parties, tandis que de l'intérêt des tiers on n'avait eu nul souci.

ANCIEN DROIT.

Si nous observons notre droit français à son origine, comme nous avons fait pour le droit romain, nous pouvons constater une analogie frappante entre les deux législations et même tirer de ce rapprochement la connaissance d'un caractère général qu'affecte à sa formation chaque nation nouvelle. Comme dans le droit civil romain, nous trouvons dans notre vieux droit germanique, des solemnités matérielles, des traces de formalisme qui sont le caractère des civilisations naissantes. Pour transmettre la propriété entre les parties, la tradition réelle était indispensable ; les capitulaires de Charlemagne exigeaient une tradition légitime, c'est-à-dire remplissant les conditions voulues par la loi : *Si quis res suas cuilibet tradere voluerit, legitimam traditionem facere studeat.* Cette tradition légitime s'opérait par la remise soit de la porte de la maison aliénée, soit de la touffe de gazon à l'acheteur de la terre, soit de la branche d'arbre, du bâton ou du glaive, en présence des rachimbourgs ou *boni homines*, témoins du passage de la possession d'un maître à un autre.

Le gazon était le symbole de la terre; la branche d'arbre, le symbole des fruits; le bâton ou le glaive, l'indice de l'autorité du propriétaire.

Ainsi à l'exemple du droit romain, le droit germanique nous montre l'emploi de formes extérieures, et c'est parce que lui aussi avait besoin de matérialiser ses conventions, et de frapper grossièrement l'esprit encore inculte des peuples qu'il régissait, que nous voyons la volonté seule insuffisante à opérer une translation de propriété, et la dépossession d'un maître pour en saisir un autre, indispensable à cette translation.

Au reste, c'est le propre des époques barbares, que la transmission de la propriété soit inséparable de formes extérieures et solennelles, frappant les sens, et suppléant par une impression physique, aux faibles perceptions de la conscience et de la bonne foi. De plus, comme nous l'avons reconnu pour le droit romain, nous sommes forcés de reconnaître que dans notre vieux droit tout le cortége des solemnités extérieures était étranger à l'idée, beaucoup trop compliquée pour le temps, de sauvegarder l'intérêt des tiers.

A l'époque féodale le système social qui opprimait la France, n'était pas destiné, cela se comprend de reste, à prendre en grande considération les intérêts des tiers et à organiser un régime de publicité capable d'asseoir d'une manière solide le crédit privé : « Nulle terre sans seigneur » telle était la devise ou plutôt tel était le code de cette haute noblesse que personne n'osa démentir tant qu'elle eut la force de faire taire toutes les voix. Cette belle maxime était féconde en résultats, et pour ne citer que ceux qui se rattachent directement au sujet dont nous nous occupons, nous dirons qu'elle en arrivait à ce que, pour transférer un droit de propriété d'une personne à une autre il fallait le concours et l'assentiment de trois personnes.

« Nulle terre sans seigneur » cela voulait dire, tout coin de terre est en servage, et audessus de son possesseur actuel, il existe un propriétaire qui a plus de droit que lui, lequel à son tour n'est que le tenancier d'un seigneur encore plus puissant, et ainsi jusqu'au souverain fieffeux qui était le roi de France.

Aussi quand on voulait aliéner un immeuble il fallait s'en *dessaisir*, c'est-à-dire le remettre au seigneur de qui on l'avait reçu, et après cette *dessaisine*, ce devest, cette *deshéritance*, le seigneur remettait l'immeuble à l'acquéreur, il lui en donnait la *saisine*, le *vest*, l'*adhéritance*, et voilà comment se transmettait la propriété. Or, ces formalités se joignirent à celles de la foi et hommage prêté entre les mains du suzerain; mais cette cérémonie qui était la quintessence des relations féodales, est étrangère aux rapports civils qui seuls doivent nous occuper. De plus, ces formalités aux dénominations si diverses, suivant les différentes coutumes, ces devoirs de loi, comme on les appelait, devaient être constatés sur un registre en bonne forme; et le registre devait être communiqué à tous ceux qui avaient intérêt à le consulter.

Ce registre n'avait pas été introduit pour l'avantage des tiers intéressés, mais il n'y avait aucune raison pour les priver de ce bénéfice de publicité, et par le fait ils en profiteraient.

Ainsi se transmet la propriété durant la période du régime féodal; mais quand se fut réveillée en Italie l'étude approfondie du droit Romain, quand l'amour de cette science eut fait explosion en France et eut passionné les intelligences d'élite, alors commença entre le vieux formalisme féodal et les idées spiritualistes du Code de Justinien une lutte acharnée et violente dans laquelle devait succomber la solennité matérielle de la transmission de la propriété, entraînant dans sa chute, tant elles y étaient fortement attachées, les principes fondamentaux de la féodalité.

Ce fut Paris qui donna le signal de la réaction, et bientôt les coutumes secondant un mouvement si favorable, proclamèrent à l'envi : que *nul ne prend saisine qui ne veut*, c'est-à-dire que l'ensaisinement disparut presque partout et que l'on en vint au système de Justinien, aux traditions feintes suffisantes pour transférer la propriété, je dis, presque partout, car il fut certaines provinces telle que la Flandre, l'Artois, la Picardie, le Vermandois où les anciennes formes germaniques plus profondément enracinées qu'ailleurs, résistèrent à la réaction. Ces pays furent appelés pays de nantissement, dénomination qui rappelait que la mutation de propriété ne s'y opérait d'une manière parfaite que par l'accomplissement des formalités de desaisine-saisine. Dans ces pays pour que l'aliénation eût lieu entre les parties, il fallait que l'autorité compétente prononçât ces paroles solennelles : « Je vous saisis et mets en saisine de tel héritage, sauf mon droit et l'autrui en toute chose. » On ne se contentait pas d'une tradition réelle ou feinte comme dans les autres provinces de la France, on exigait une tradition solennelle.

Ce n'est pas à dire cependant que ces provinces récalcitrantes au mouvement général, aient échappé complétement à l'influence de l'idée nouvelle; la convention des parties n'était pas, avant sa réalisation, absolument nulle; elle procurait à l'acquéreur une action non pas réelle encore, mais personnelle contre le vendeur à l'effet de le contraindre par la voie de la justice à accomplir son engagement c'est-à-dire à effectuer la tradition solennelle de la chose vendue.

Devons-nous incriminer bien fort la résistance des pays de nantissement? je ne le crois pas; car elle eut pour effet d'atteindre ce résultat que nous cherchons en vain dans la législation romaine et dans les coutumes du reste de la France, de consolider la propriété à l'égard des tiers. Le vest et le revest devinrent à l'égard de tous le signe irrécusable d'un droit de propriété préférable au droit de ceux qui n'avaient pas été ensaisinés et qui prétendaient troubler celui qui l'avait été, et avec ce système tout organisé pour répondre aux besoins de développement du crédit privé, la publicité des mutations devint chose facile. Les registres sur lesquels un officier public constatait la dessaisine

saisine, et qui, dans le principe, n'avaient pas été imaginés dans l'intérêt des tiers, devinrent des conseillers certains et des garants irréprochables de la consolidation de la propriété sur la tête de telle ou telle personne. Je cite à l'appui de cette assertion, un placard du 16 septembre 1673, qui, rappelant à l'observation des lois antérieures, ordonnait : « que toutes les aliénations de biens immeubles n'auraient d'effet de réalisation, *au préjudice des personnes tierces*, que si lesdites aliénations avaient été enregistrées au livre des juges des lieux où tels biens étaient situés. »

Un acheteur qui avait rempli les devoirs de la loi necraignait pas d'être évincé par une personne à qui le même immeuble aurait été vendu antérieurement, et dont la vente aurait été tenue secrète ; la propriété se transmettait ou s'engageait avec une pleine sécurité au profit de ceux qui, comme acheteurs ou comme prêteurs hypothécaires se dessaisinaient de leur argent. Evidemment nous trouvons ici l'origine de la législation protectrice de l'intérêt des tiers qui nous régit aujourd'hui.

Telle fut la marche de notre législation : dans les coutumes autres que celles des pays de nantissement, on en arriva au même dédain des formalités que celui que nous avons observé sous le droit Justinien. Plus de formes extérieures ni matérielles, le consentement seul suffit, ou du moins à peu près; car, innovateurs timides, les promoteurs de l'idée nouvelle n'osèrent pas pousser jusqu'au bout leur système; la tradition avait régné trop longtemps pour qu'il n'y regardassent pas à deux fois à la supprimer d'une manière radicale; ils prirent une demi-mesure et préconisèrent les voies secrètes de transmission. Au reste, tous n'étaient pas d'accord : suivant la hardiesse plus ou moins grande de chacun, tantôt le possesseur réel était préféré à un acquéreur antérieur qui n'avait jamais eu de possession effective : c'était l'opinion de Ricard, d'Argon et de Dumoulin; tantôt, et c'était là le sentiment de Loisel passé en pratique, « la clause de dessaisine saisine faite en « présence de notaires et de témoins vaut et « équipolle à tradition et délivrance de posses-« sion. »

Enfin les plus hardis disaient, et à leur tête se plaçait Pothier sous l'impression du droit romain, le constitut possessoire, le précaire sont suffisants; dès l'instant que, dans la convention, le vendeur aura dit à l'acheteur : je me constitue possesseur pour toi, *constituo possessorem pro te emptore*, cette tradition *solo consensu* sera aussi parfaite entre les parties et à l'égard des tiers, qu'une tradition matérielle.

Ainsi, pendant que le plus grand nombre de coutumes de France, dans leur désir aveugle de tout simplifier, foulaient aux pieds l'intérêt des tiers en ne leur donnant aucun moyen d'étayer leur confiance, les pays de nantissement inauguraient timidement l'ère de la publicité, et préparaient ainsi les réformes de la révolution.

DROIT INTERMÉDIAIRE.

La nuit du 4 août, en détruisant les restes de la féodalité, n'épargna pas les justices seigneuriales, ainsi que les devoirs de loi et autres formalités analogues pratiquées dans les coutumes de nantissement et constatées sur des registres tenus par les officiers des seigneurs. Mais l'assemblée constituante ne voulut pas par haine pour la forme et l'origine, supprimer une institution bonne en soi ; elle remplaça les solennités du nantissement par une formalité plus simple et aussi efficace au point de vue de la publicité, je veux parler de la transcription. Une loi du 19 septembre 1790 vient déclarer :

Art. 3 « qu'à compter du jour où les tribu-« naux de district seront installés dans les pays

« de nantissement, les formalités de saisine, « dessaisine, deshéritances, vest devest, reconnaissance échevinale, mise de fait, main-assise, « plainte à la loi et généralement toutes celles « qui tiennent au nantissement féodal ou cen- « suel, seront et demeureront abolies ; et jus- « qu'à ce qu'il en ait été autrement ordonné, la « transmission des grosses des contrats d'alié- « nation ou d'hypothèque en tiendra lieu et « suffira, en conséquence, pour consommer les « aliénations et les constitutions d'hypothè- « ques ; etc. »

Art. 4. « Les dites transcriptions seront faites « par les greffiers des tribunaux de district de « la situation des biens, selon l'ordre dans le- « quel les grosses des contrats leur auront été « présentées et qui sera constaté par un registre « particulier. Et les greffiers seront tenus de « communiquer ces registres sans frais aux « requérants. »

Cette disposition était toute locale ; elle n'intéressait que les pays de nantissement ; quant au reste de la France il conserva sa jurisprudence, et la tradition avec les facilités et les fictions y resta comme la seule condition extérieure de la translation de la propriété.

En l'an III, une réforme plus radicale s'opérait. Imbus, à tort ou à raison, de l'idée que la propriété immobilière était de toutes la plus précieuse, les législateurs de cette époque n'eurent qu'un seul but, celui de rendre commodes autant que possible l'usage et la jouissance d'un bien si précieux. Pour y arriver, deux choses étaient nécessaires : d'abord, il fallait donner des moyens certains de constater chez quelles personnes reposait immuablement un bien de cette nature, et pour cela, la plus grande publicité était d'une utilité incontestable; cela fait, il devenait indispensable de mobiliser, pour ainsi dire, la propriété foncière pour en rendre les transmissions promptes et commodes. Ce dernier résultat, à savoir la mobilité de la propriété immobilière, fut atteint par des moyens fort ingénieux, il faut l'avouer, mais qui n'excusent pas le système. On voulait aller contre la nature des choses; on demandait à la propriété immobilière ce qu'elle ne peut donner ; on la voulait cursible comme un effet de commerce, tandis que sa nature est essentiellement inerte ; ainsi, l'institution de l'hypothèque sur soi-même et des cédules hypothécaires eut-elle un résultat tout contraire à celui qu'on en attendait. Des familles entières se trouvèrent tout à coup ruinées par la violence du système. L'idée de la loi, séduisante en théorie, mais déplorable en pratique, n'aboutit qu'à enrichir l'agiotage.

Nous avons indiqué seulement, parce que la matière nous était étrangère, les moyens à l'aide desquels la loi du 9 messidor de l'an III avait atteint la mobilité du sol ; indiquons plus en détail, car cela rentre dans notre sujet, comment elle était arrivée à son premier but, savoir : la publicité éclatante des droits réels.

L'art. 99 de cette loi était ainsi conçu : « Nulle « expropriation de biens territoriaux volontaire « ou forcée, entre-vifs, et à quelque titre que ce « soit, ne peut avoir lieu, à peine de nullité, si « elle n'a été précédée de la déclaration fon- « cière des biens qui en sont l'objet, faite et dé- « posée dans les formes prescrites (entre les « mains d'un conservateur). »

Art. 105. « En toute expropriation volontaire, « celui au profit duquel elle est consentie, ne « peut devenir propriétaire incommutable des « biens territoriaux qui en sont l'objet, que « sous les deux conditions suivantes : 1° de no- « tifier et déposer expédition de son contrat, « dans le mois de sa date, à chaque bureau de « la conservation des hypothèques dans l'ar- « rondissement duquel les biens sont situés ; « 2° De payer toutes les créances hypothécaires « du fait de son auteur. »

Art. 106. « Faute de la première condition,
« les hypothèques du fait de son auteur, posté-
« rieures audit contrat, sont bien et valable-
« ment acquises sur les biens étant l'objet de
« ladite expropriation, jusqu'au jour de la no-
« tification. »

La loi de messidor portait aussi son attention sur la revendication des biens territoriaux.

Art. 92. « Aucune revendication de la pro-
« priété des biens territoriaux ne pourra être
« portée devant les juges et arbitres, si la de-
« mande en éviction n'a pas été préalablement
« notifiée au conservateur des hypothèques,
« dans l'arrondissement duquel les biens sont
« situés. »

Art. 95. « Les hypothèques inscrites et les
« cédules requises avant ladite notification, ont
« leur pleine et entière exécution sur la chose
« hypothéquée, sauf le recours du propriétaire
« contre celui qui les avait consenties.

Art. 96. « Celles postérieures sont nulles, et
« de nul effet à l'égard de la chose revendiquée,
« si elle est adjugée au demandeur en éviction. »

On le voit, la loi du 9 messidor an III, dans le but chimérique de faire de la propriété foncière une monnaie courante, donne une large publicité aux droits réels, publicité, qui sous l'empire d'une réaction violente, devait peu à peu s'affaiblir pour disparaître tout à fait à l'époque du Code civil.

La loi du 11 brumaire an VII, tout en mettant en vigueur un système de publicité, resta à cet égard bien loin de la loi de messidor, et le Code se raidissant davantage contre les institutions révolutionaires, supprima toute publicité.

Les perturbations qu'avait amenées la loi du 9 messidor an III, loi contre nature, puisqu'elle voulait rendre mobile ce qui de son essence ne peut se mouvoir, eurent pour résultat de ruiner le crédit foncier. Il fallait le reconstituer sur des bases solides. Ce fut le but de la loi du 11 brumaire an VII.

La première chose à faire, était de fournir au public les moyens de connaître les véritables propriétaires du sol, et comme conséquence, de rendre publiques les charges qui grevaient chaque propriété. Telle était la marche logique; mais telle ne fut pas celle que l'on suivit.

Le législateur de l'an VII se plaça à un autre point de vue : ne regardant que l'hypothèque, trouvant que là était le nerf du crédit, il ne s'occupa que d'elle, ou du moins il s'en occupa principalement.

Dans notre ancien droit, l'hypothèque était occulte et générale; on avait espéré par là conserver le crédit du débiteur tout en consolidant le gage du créancier : malheureusement, l'expérience avait prouvé que la clandestinité et la généralité des hypothèques n'aboutissent qu'à surprendre le public et à ruiner le crédit du débiteur. Ce fut un système inverse à celui de l'ancien droit que la loi de brumaire devait inaugurer; au lieu de la clandestinité et de la généralité, ce furent la publicité et la spécialité qui formèrent la base du système.

Le moyen d'exécution consista dans des registres, que le public était était mis à même de consulter à sa volonté, et qui présentaient le bilan de la propriété immobilière. Le public ne pouvait plus alors prétexter les surprises, car elles étaient désormais impossibles, à moins d'incurie de sa part. Ainsi, j'avais besoin d'argent; un capitaliste à qui j'en demandais, ne consentait à m'en prêter qu'autant que je garantissais sa créance par un droit réel sur mes propriétés foncières, et pour que sa confiance ne fût pas dupe de ma mauvaise foi, il s'assurait en parcourant les registres, que ma propriété immobilière n'était pas déjà grevée de droits réels semblables à ceux qu'il demandait, et qui eussent primé les siens en vertu de la règle *potior tempore, potior jure.*

Assurément, voilà qui était bien ; mais jusqu'ici nous avons toujours supposé que moi, l'emprunteur qui offrais hypothèque, j'étais le véritable et incommutable propriétaire de l'immeuble que je voulais grever. Or, la garantie que je proposais au prêteur n'était sérieuse qu'à cette condition ; car si, après avoir engagé tout mon bien et après avoir au prix seulement d'un tel sacrifice, obtenu d'un prêteur exigeant et inquiet, la somme que je lui demandais, si après avoir touché cette somme et l'avoir dissipée, on venait à reconnaître que je n'étais qu'un stellionataire, que l'immeuble engagé ne m'appartenait pas, voilà un père de famille vigilant, qui ne s'était séparé de ses capitaux qu'après avoir minutieusement compulsé les registres, le voici devenu victime d'une fraude inévitable. La loi de brumaire avait vu le danger, elle l'évita. Le législateur d'alors comprit que l'hypothèque n'était une garantie sérieuse qu'à deux conditions, mais toutes deux essentielles : il fallait que celui auquel on offrait une hypothèque, c'est-à-dire un droit sur l'immeuble lui-même, un démembrement de la propriété, pût de ses propres yeux et non pas seulement en suivant la foi de son débiteur, il fallait, dis-je, qu'il pût s'assurer d'abord que ce démembrement de propriété qu'on lui offrait, était bien disponible, et en second lieu, que cette partie de la propriété qu'on lui offrait, lui était offerte par quelqu'un qui avait le droit d'en disposer, c'est-à-dire par le véritable propriétaire.

Voilà pourquoi, voulant donner au public le moyen de savoir par lui-même, si tel bien susceptible d'hypothèques, n'était pas épuisé déjà par de semblables démembrements, il fut entraîné par la force irrésistible de la logique à fournir en même temps à la société tout entière le moyen de savoir par elle-même, si celui qui hypothéquait son bien et consentait ainsi à démembrer sa propriété, en était le véritable propriétaire.

Il voulut donc que la publicité pénétrât dans la constitution du domaine ; il voulut que les tiers pussent dire avec certitude : c'est un tel qui est propriétaire du champ que voilà.

Pour atteindre cette publicité, le législateur de l'an VII déclarait dans l'art. 26 de la loi du 11 brumaire : « que les actes translatifs de biens « et droits *susceptibles d'hypothèques*, doivent être « transcrits sur les registres du bureau de la « conservation des hypothèques, dans l'arron- « dissement duquel les biens sont situés.

« Jusque là, ils ne peuvent être opposés aux « tiers qui auraient contracté avec le vendeur, et

« qui se seraient conformés aux dispositions de « la présente loi. »

L'art. 28 ajoutait : « La transcription prescrite « par l'article 26 transmet à l'acquéreur les droits « que le vendeur avait à la propriété de l'im- « meuble, mais avec les dettes et hypothèques « dont cet immeuble est grevé. »

Ainsi, ce ne fut que dans ses rapports avec le droit hypothécaire, et pour ainsi dire comme une conséquence imposée par la logique, que le législateur de l'an VII envisagea la publicité du domaine. Il avait pour but principal la *publicité de l'hypothèque*; il fut amené forcément à la *publicité du domaine susceptible d'hypothèque*. C'est en cela qu'il fit fausse route ; ce qui devait être son point de départ ne fut pour lui qu'une conséquence. Au lieu de dire : Les hypothèques seront publiques, et par conséquent la propriété sera publique; il devait dire *a priori*: la propriété sera publique, et comme conséquence les droits réels qui peseront sur elle seront publics aussi. On organisait alors un vaste système qui dominait tout le Code. Toutes les manières d'acquérir le domaine dérivé se révélaient à la société, qui a le plus grand intérêt à les connaître. Transmissions par décès, partages, testaments, constitutions de servitudes, usage, habitation, tout devenait public, tandis que cette partie notable du droit resta régie par un système clandestin.

CODE NAPOLÉON.

Le législateur de l'an VIII s'occupa pour la première fois de la publicité des transmissions immobilières en s'occupant des donations.

Après avoir dit dans l'art. 938, que « la donation dûment acceptée sera parfaite par le seul consentement des parties ; et la propriété des objets donnés transférée au donataire sans qu'il soit besoin d'autre tradition, » il continue dans l'art. 939 en disant que « lorsqu'il y aura donation de biens susceptibles d'hypothèques, la transcription des actes contenant la donation et l'acceptation, ainsi que la notification de l'acceptation qui aurait eu lieu par acte séparé, devra être faite aux bureaux des hypothèques, dans l'arrondissement desquels les biens sont situés. »

Dans l'article 938, le législateur innovait: car avant le Code le seul consentement ne suffisait pas pour transférer la propriété; une tradition quelconque, alors même qu'elle n'eût été que fictive, était indispensable; l'innovation consistait en ce que dorénavant le consentement seul tiendrait lieu de tradition. Déjà, il est vrai, dans l'ancienne jurisprudence, le constitut possessoire suffisait comme tradition, mais cela n'était pas accepté par tous les jurisconsultes. Aussi peut-on dire jusqu'à un certain point que le Code Napoléon a innové sur ce point.

Dans l'article 939, il n'a rien créé de nouveau; il s'est inspiré, pour protéger les tiers, des anciennes ordonnances et de la loi de brumaire.

En 1539 nous voyons une ordonnance de François Ier exiger pour la validité des donations une formalité empruntée au droit romain, *l'insinuation*.

Au temps de Justinien, la donation dont l'objet dépassait 500 solides, devait, sauf quelques exceptions, être rendue publique par l'insinuation. Cette formalité consistait dans la copie de l'acte sur un registre spécialement ouvert au public. Elle avait pour but de mettre un frein aux libéralités irréfléchies ou désordonnées qu'on n'ose pas avouer.

A défaut d'insinuation, la donation était nulle, même *inter partes*, c'était une forme essentielle à sa validité.

Elle passa avec ce caractère dans l'ordonnance de François Ier; mais en 1566, Charles IX rendit une ordonnance déclarant que l'insinuation cesse d'être une forme essentielle à la validité des donations *inter partes*, qu'elle n'est plus qu'une formalité extrinsèque, exigée *dans l'intérêt des tiers* intéressés à connaître la donation.

L'ordonnance de 1731 consacre le même système, mais en le développant ; elle porte que le défaut d'insinuation n'empêche pas la donation d'être valable à l'égard du donataire et du donateur, mais qu'à l'égard de toute autre personne ayant intérêt à ce qu'il n'y eût pas donation, même à l'égard des héritiers du donateur, le défaut d'insinuation peut être invoqué et la faire tenir pour non avenue. « Le motif de ces lois, nous dit Pothier, est afin : 1° que ceux qui contracteraient par la suite avec le donateur, et 2° que ceux qui accepteraient sa succession la croyant opulente, ne fussent pas induits en erreur, par l'ignorance où ils seraient des donations. »

Comme on peut en juger par ce passage du grand jurisconsulte, l'intérêt des tiers avait été pris en considération par les ordonnances royales.

La loi de brumaire posant en principe que les actes translatifs de biens et droits susceptibles d'hypothèques devaient être inscrits dans les registres publics, et ne distinguant pas entre les actes translatifs à titre onéreux et ceux à titre gratuit, soumettait à la transcription les donations de biens immobiliers susceptibles d'hypothèques. Cette formalité, inutile pour opérer la translation du donateur au donataire, devenait indispensable pour donner sécurité complète à ce dernier vis à-vis des personnes intéressées à l inexistence de la libéralité ; cependant elle ne dispensait pas de l'insinuation, bien qu'au regard des tiers elle eût à peu près les mêmes effets.

Il y avait entre l'insinuation et la transcription, quatre différences bien marquées : 1° les donations mobilières ou immobilières devaient être insinuées ; les donations immobilières étaient seules soumises à la transcription. 2° L'insinuation se faisait au greffe des tribunaux ; la transcription au bureau des hypothèques ; 3° le donataire avait un délai pour faire insinuer la donation, quatre mois à partir de l'acceptation, lorsqu'il habitait le royaume, six mois dans le cas contraire : l'insinuation prise dans ce délai avait un effet rétroactif au jour de la donation; elle pouvait encore être faite après ce délai, pourvu que le donateur fût vivant, mais alors elle ne produisait son effet qu'à sa date. Le donataire n'avait aucun délai pour faire transcrire; le plus tôt était le mieux; car la transcription n'avait pas d'effet rétroactif; 4° le défaut d'insinuation pouvait être opposé au donataire par toute personne ayant un intérêt à la nullité de la donation, *même par les héritiers du donateur*; la donation, quoique non transcrite, était au contraire, valable non-seulement à l'égard du donateur, mais encore *à l'égard de ses héritiers*. Ceux-ci, bien qu'intéressés à la nullité de la donation, n'étaient pas admis à invoquer le défaut de transcription. Ces deux systèmes, l'insinuation et la transcription, ont existé ensemble jusqu'à la promulgation du Code; les donations d'immeubles étaient soumises à une double condition de publicité.

Le Code Napoléon a abandonné la théorie de l'insinuation ; ainsi les donations mobilières ne sont soumises à aucune condition de publicité; les donations d'immeubles ne sont plus assujetties qu'à la transcription, l'insinuation faisant double emploi.

Mais quelle est celle de ces deux institutions de publicité que le Code a entendu calquer?

Est-ce l'insinuation ou la transcription? en d'autres termes, faut-il interpréter la transcription organisée par le Code d'après l'ordonnance de 1731 ou d'après la loi de brumaire? Les discussions au conseil d'Etat ne permettent pas de trancher la question d'une manière décisive ; mais nous pensons avec la Cour de cassation que la loi de brumaire doit aujourd'hui servir de guide. Cette jurisprudence nous porte à décider que l'article 941, en permettant à toute personne intéressée d'opposer au donataire le défaut de transcription et en exceptant, toutefois, les personnes chargées de faire transcrire ainsi que leurs ayants cause et le *donateur*, n'entend pas accorder une semblable faculté aux *héritiers du donateur* qui en jouissaient au contraire sous l'empire de l'ordonnance.

Il importe de noter que la protection que la législation de l'an VIII accordait aux tiers était telle, qu'elle faisait fléchir le système protecteur organisé en faveur des incapables. A l'exemple de ce qui se passait dans l'ancien droit, l'article 942, édicta que : « les mineurs, les interdits, les femmes mariées ne seront point restituables contre le défaut de transcription; sauf leur recours contre leurs tuteurs ou maris, s'il y échet, et sans que la restitution puisse avoir lieu, dans le cas même où lesdits tuteurs et maris se trouveraient insolvables. »

Dans une matière analogue aux donations, dans les substitutions, le Code Napoléon s'occupa de sauvegarder l'intérêt du public toujours si intéressé à connaître la situation véritable des biens dans les mains de ceux qui en sont propriétaires. Ainsi, considérant que le grevé de substitution n'a sur les biens qu'il est chargé de conserver et de rendre, qu'une propriété résoluble, il voulut que les tiers en fussent avertis, et en s'aidant sur ce point de l'ordonnance de 1747 qui reproduisait la théorie de l'insinuation en matière de substitutions, il soumit à la publicité les dispositions par actes entre vifs ou testamentaires, à charge de restitution : savoir, quant aux immeubles, par la transcription des actes sur les registres du bureau des hypothèques du lieu de la situation ; et quant aux sommes colloquées avec priviléges sur des immeubles, par l'inscription sur les biens affectés au privilége.

Cette préoccupation du législateur à prévenir les tiers de ce qui peut les intéresser et à donner ainsi du crédit à la terre, ne l'abandonna pas dans les autres parties de son œuvre.

Lorsqu'il en fut arrivé à savoir s'il proclamerait d'une manière absolue le principe que la propriété se transmet par le seul consentement des parties, tant à l'égard du vendeur qu'à l'égard de tous, il hésita, tourmenté qu'il était de l'idée de protéger les tiers; il ajourna sa décision; mais le moment venu de se prononcer, il recula encore, laissant deviner, cependant, par l'insertion d'une disposition expresse (art. 1583) que son intention était de distinguer, quant aux effets d'un contrat, les parties d'avec les personnes étrangères à la convention.

Avant de clore son œuvre le législateur, dut s'expliquer ; et après une discussion orageuse, où luttèrent l'un contre l'autre M. Treilhard pour la nécessité de rendre publiques les transmissions immobilières, M. Tronchet, pour l'idée spiritualiste que dès l'instant que deux volontés s'accordent, cela doit suffire pour que la propriété soit transférée au regard de tous, le conseil d'Etat proclama le triomphe de la publicité. Malheureusement, par suite de circonstances inexplicables, le texte de la loi qui renfermait cette décision capitale disparut et ne fut pas inséré dans notre Code Civil. Sa disparition entraînait celle de la transcription en tant que véhicule de la publicité des transmissions iml mobilière, et laissait une lacune immense dans notre législation. Son absence fut diversement appréciée ; ce fut surtout la régie qui s'en plaignit ; comme la transcription était pour elle une source féconde de revenus, le gouvernement fit droit à ses instances, et dans deux articles du Code de procédure (art. 834, 835) on inséra une disposition qui venait donner à cette formalité une certaine importance.

Cette importance était nouvelle, mais elle était bien loin d'avoir la portée que le projet du Code donnait à la transcription. Le projet faisait de cette formalité un *principe*, le Code de procédure en fit une *mise en demeure*; la différence était grande et aussi fertile en résultats regrettables. Le régime hypothécaire qui avait été organisé sur une large publicité, manqua tout-à-coup de base, et malgré les efforts de la doctrine et de la jurisprudence, il resta dans un état pénible d'embarras et d'obscurité.

Je ne saurais mieux faire pour résumer l'état de la législation sous l'empire du Code Napoléon, que de citer un passage du rapport de M. de Belleyme au corps législatif, à propos du projet de loi sur la transcription. « Dans l'état « actuel des choses, disait le rapporteur, rien « ne révèle d'une manière certaine et publique « quel est le propriétaire d'un immeuble ; il « n'existe aucun moyen de s'assurer de la vé- « rité à cet égard, et en traitant avec celui qui « a toutes les apparences du droit de propriété, « on n'est jamais sûr de traiter avec le vérita- « ble propriétaire. »

De là le discrédit de la propriété foncière; personne ne pouvait avec sécurité devenir le créancier d'un homme qui pour gage de sa dette n'offrait que des biens immobiliers dont il était impossible de savoir d'une manière facile et certaine s'il était ou non le véritable propriétaire. On consentait difficilement à acquérir un droit de propriété ou un démembrement de ce droit, du chef d'un individu qui se présentait comme propriétaire, mais dont on ne pouvait pas contrôler la véracité. Les droits réels qui avaient des immeubles pour objet n'avaient donc que peu de faveur; l'hypothèque elle-même, malgré les efforts qu'on avait tentés pour en faire une garantie sérieuse, malgré les précautions qu'on avait prises pour avertir tout le monde de son existence, et pour mettre les prêteurs en garde contre une apparente solvabilité, l'hypothèque elle-même n'était plus qu'un vain gage.

Le système hypothécaire du Code Napoléon manquait de base; il était illogique au premier chef, en exigeant que l'existence d'un démembrement de propriété fût révélée au public par un signe positif et certain, et en n'exigeant pas avant tout, que l'existence de la propriété entière fût soumise à une éclatante publicité.

« Or, rien ne peut donner, disait encore M. « de Belleyme, un signalement plus exact et plus « certain du droit de propriété que la trans- « cription sur un registre public de toutes les « mutations de la propriété, de ses démembre- « ments et de ses charges; et c'est ainsi que la

« transcription se justifie et se présente comme « le correctif efficace du vice de la loi. »

La loi du 23 mars 1855 est venue apporter ce correctif tant de fois demandé et si impatiemment attendu. Déjà en 1841, M. Martin (du Nord), alors garde des sceaux, avait appelé l'attention des magistrats sur les réformes à introduire dans le régime hypothécaire; vingt-deux cours d'appel sur vingt-sept furent d'avis du rétablissement de la transcription; sept facultés de droit sur neuf opinèrent dans le même sens. Bien plus, en 1849, le gouvernement nomma une commission pour étudier un projet de réforme; elle fut d'avis de la restauration de la transcription ; il en fut de même de la commission de l'assemblée législative et ainsi de celle du conseil d'État. La publicité fut proclamée la véritable base de la sécurité et du crédit de la propriété foncière.

A cette époque, un immense travail fut préparé sur la réforme hypothécaire; il reçut deux lectures à l'Assemblée, la troisième n'eut pas lieu, car l'Assemblée fut dissoute.

Mais il nous suffira de dire,pour fairemesurer l'étendue des regrets que l'ajournement indéfini de la réforme hypothécaire doit inspirer à notre nation et aux autres nations de l'Europe qui empruntent si souvent à nos lois, il nous suffira de dire qu'à la tête des réformateurs, était M. Valette.

Loi du 23 mars 1855.

La loi du 23 mars 1855 est venue, avons-nous dit, donner pour base à l'établissement de la propriété aussi bien qu'au régime hypothécaire, la publicité, et comme moyen de l'atteindre, elle a rétabli, en le développant, le système de la loi du 11 brumaire an VII, sur les mutations immobilières. Dorénavant, la propriété et ses démembrements, sauf les priviléges et hypothèques qui se transféraient par le seul effet du consentement, non-seulement entre les parties, mais encore au regard de tous, ne seront plus transférés par le seul accord des volontés qu'entre les parties. Pour qu'à l'égard des tiers ces transmissions soient effectuées, une formalité matérielle est nécessaire, je veux dire la transcription.

« La transcription, d'après la définition même « que l'on trouve dans l'exposé des motifs, est « l'accomplissement d'une formalité destinée à « procurer aux tiers, créanciers ou acquéreurs, « la publicité matérielle, durable et facile à « chercher, des mutations de la propriété im-

« mobilière et des démembrements ou charges « qui peuvent en altérer la valeur. »

Ainsi se trouve rendue à sa véritable portée, la disposition de l'art. 1583 du Code Napoléon, portant que la vente est parfaite *entre les parties* et la propriété acquise de droit à l'acheteur, à l'*égard du vendeur*, dès qu'on est convenu de la chose et du prix, » et disant virtuellement, qu'à l'égard de tout autre que le vendeur, une révélation matérielle est nécessaire pour donner à cet acte un effet contraire au droit des tiers. Ce changement profond dans l'effet des conventions, ne bouleversa pas, comme on pourrait le croire, notre législation civile; au contraire, comme la matière hypothécaire avait été conçue dans un esprit de large publicité, et que la formalité de la transcription, en tant qu'indispensable pour opérer les mutations de propriété immobilière, avait été la pierre angulaire de tout le système, la restauration de ce privilége enlevé de nos Codes, on ne sait comment, vint partout y rétablir l'harmonie qui en était absente.

On a reproché à la loi nouvelle de rappeler la féodalité par sa distinction entre la propriété au regard des parties et la propriété au regard des tiers, distinction qui, dit-on, est un souvenir du domaine *direct* et du domaine *utile* des seigneurs. Mais ce n'est là qu'une vieille critique empruntée à M. Bigot Préameneu, ennemi déclaré de la transcription. Rien n'est plus commun dans nos lois qu'une même personne jouant deux rôles contradictoires avec l'assentiment du législateur, et cependant pour cela on ne crie pas à la féodalité.

Un autre reproche consiste à s'apitoyer sur le sort des petits propriétaires qu'une mesure fiscale va gêner dans leurs transactions. La réponse à ce grief est que le droit perçu pour la transcription est un droit assez minime.

Enfin, et c'est là la plus sérieuse critique, on a dit que la loi était incomplète. Dans le système nouveau, a-t-on prétendu, la transcription assure bien, il est vrai, la publicité des actes translatifs de droits réels immobiliers; mais elle ne garantit pas la validité de ces actes. En Allemagne le principe de publicité a été poussé dans ses dernières limites : quiconque acquiert d'une personne inscrite sur les registres comme propriétaire, alors même qu'elle ne le serait pas, peut aliéner valablement tant que le propriétaire véritable n'a pas fait inscrire sa prétention de revendiquer. De cette importance si grande attachée à la publicité, on a conclu qu'il fallait que les inscriptions sur le registre ne se fissent pas à la légère; aussi un tribunal est il chargé d'examiner tous les titres qu'on présente à l'inscription.

La certitude est ainsi assurée ; mais c'est au prix d'un matérialisme qui entrave les transactions et souvent amène des résultats injustes; car l'autorité qui vérifie chaque titre n'est pas infaillible ; aussi ce système n'est-il pratiqué que dans les parties de l'Allemagne où les lois et les mœurs sont antipathiques au morcellement de la propriété immobilière, tandis qu'il n'est pas en vigueur dans les contrées allemandes voisines de la France où les mœurs se ressentent de notre voisinage, et où le morcellement de la propriété est assez considérable.

En France, au contraire, un pareil système embarrassant les transactions et la division du sol ne serait pas possible ; il y aurait un danger trop grand dans l'institution d'une autorité chargée de contrôler la validité d'un nombre prodigieux de titres, et dont les décisions auraient une influence aussi considérable.

On trouve encore la loi nouvelle incomplète en ce qu'elle n'astreint à la transcription que les actes entre-vifs; sur ce point je me permettrai de croire qu'on n'a pas tout-à-fait tort. Pourquoi dispenser les mutations par successions *ab intestat* ou testamentaire de la publicité qu'on exige pour les actes entre-vifs. Il faut respecter, dit-on, l'ancienne maxime coutumière « le mort saisit le vif, » et du reste ces transmissions à cause de mort ne sont pas entièrement dépourvues de publicité. Au moyen des règles législatives sur la dévolution des successions, et en s'aidant des actes de l'Etat civil que tout le monde peut consulter, on arrive facilement à connaître le véritable héritier du défunt. Hâtons-nous de dire que cette réponse est fort mauvaise ; sans violer la maxime : « le mort saisit le vif, » on pouvait exiger que l'héritier s'inscrivît dans un certain délai, et on eût donné à son acquisition un effet rétroactif au jour du décès du *de cujus*; en second lieu, cette publicité que l'on veut voir dans la possibilité de recourir aux actes de l'Etat civil et aux dispositions de la loi sur les successions, n'est véritablement pas raisonnable, quand on songe aux nombreux registres qu'il faudrait compulser et aux connaissances juridiques qu'il faudrait supposer chez la masse des personnes qui, chaque jour, font de nombreuses affaires.

En ce qui touche les transmissions par succession testamentaire, on a essayé de défendre le système de la loi, en invoquant encore le respect dû à cette règle principe, « le mort saisit le vif; » mais nous savons qu'on peut la respecter au moyen d'une rétroactivité. On a invoqué également tout ce qu'a de sacré pour les vivants, la dernière volonté d'un mort, et on a observé que si le légataire, pour recueillir son legs était contraint de faire transcrire le testament, c'était laisser à la merci d'une formalité posthume les volontés dernières du défunt ; qu'ainsi, un homme qui aurait minutieusement accompli toutes les prescriptions de la loi pour faire son testament ne pourrait pas en mourant être certain de sa validité, puisqu'une formalité, qui ne dépendait pas de lui, manquait encore pour qu'il fût pleinement efficace. On a fait valoir en dernier lieu, qu'exiger la transcription pour qu'un légataire devînt propriétaire de la chose léguée au regard de tous, c'était permettre à l'héritier, en tenant le testament caché, de laisser écouler le délai fixé pour transcrire et de frustrer ainsi le légataire auquel on ne pouvait reprocher aucune négligence, puisqu'il n'avait pas été partie au testament. Une autre difficulté aurait été de fixer le délai pendant lequel la transcriptions du testament eût pour ainsi dire ensaisiné le légataire; car souvent un légataire peut ignorer pendant fort longtemps, par suite de mille circonstances indépendantes de lui, qu'une disposition testamentaire existe à son profit.

A tout ceci il est aisé de répondre : qu'en ce

qui regarde la fixation d'un délai, on pouvait reproduire sans inconvénient les dispositions de l'art. 2111 et dire que, le délai passé, l'effet rétroactif était perdu, mais que la transcription aurait son effet à partir de sa date ; pour ce qui est des autres raisons de décider, elles ne sont pas concluantes vis-à-vis des nombreux intérêts que le système qu'on défend met en péril. Qu'on suppose un défunt ayant laissé par testament la nue-propriété de tous ses immeubles à un ami ; les héritiers se mettent en possession et vendent tous les biens à des tiers de parfaite bonne foi, qui à leur tour les revendent à des sous-acquéreurs qui les grèvent d'hypothèques au profit d'ayants cause soupçonneux. Puis, tout à coup, le légataire produit le testament et grâce à la maxime « le mort saisit le vif » voilà tous les tiers dépouillés et se trouvant en présence d'héritiers insolvables. Cette spoliation est-elle bien équitable? quel plus léger reproche de négligence peut-on adresser à ces tiers? Pas le moindre; car, quel moyen ont-ils eu de connaître l'existence d'un testament?

Maintenant, si au lieu d'un legs d'immeubles, nous supposons un legs mobilier, les tiers de bonne foi qui auront acquis de l'héritier ne pourront pas être inquiétés par le légataire. L'exécution de la volonté du défunt va donc se trouver subordonnée à la nature de la chose léguée ; c'est pour le moins assez singulier ; et puis enfin, quand même il pourrait exister quelque inconvénient à exiger la transcription des mutations immobilières par succession ou par testament, ne doit-on pas faire passer l'intérêt de tous avant l'intérêt du légataire ?

Après avoir critiqué la loi de 1855 d'avoir dispensé de la transcription les actes qui ne sont pas entre vifs, voyons si nous devons la critiquer encore d'en avoir dispensé les actes entre-vifs qui ne sont que *déclaratifs* de droits réels : ainsi les jugements et les partages.

Quant aux jugements, les projets et les commissions du gouvernement et du conseil d'État avaient demandé en 1850 qu'ils fussent soumis à la transcription; mais l'Assemblée législative repoussa leur demande; le projet de 1853, qui reproduisait le même vœu, a trouvé le même sort dans le corps législatif. On a nié la nécessité de transcrire les jugements en se fondant sur ce qu'ils sont rendus sur des titres qui doivent être transcrits, ou qui sont réputés connus sans transcription, et que dès lors cette formalité ferait double emploi ; nous verrons cependant sous l'art. 4 une dérogation à ce système.

La dispense de transcription appliquée aux partages paraît plus dangereuse ; la fiction qui est la base des effets du partage dans notre droit n'empêche pas qu'en fait, cette opération soit un acte translatif et non pas seulement déclaratif ; on s'étonne donc de n'en pas voir les tiers avertis. Mais si l'on y prend garde, on reste convaincu que la dispense qu'on critique ne leur cause pas grand préjudice. Ce ne sont pas les créanciers du défunt qui peuvent s'en plaindre; ce ne sont pas non plus les créanciers d'un cohéritier qui auraient acquis des droits réels sur les immeubles encore indivis ; il leur suffisait d'examiner les titres pour s'assurer que le partage n'était pas encore fait ; ils ne pouvaient acquérir que des droits éventuels, et s'ils voulaient quad même en acquérir, ils avaient pour se mettre à l'abri de toute fraude la protection de l'art. 882.

Terminons ces généralités en observant que la transcription n'est pas une disposition impérative, mais seulement facultative et que dans le cas où elle ne serait d'aucun intérêt, on pourrait ne pas l'accomplir.

Des actes soumis à la transcription.

Les articles 1, 2, et 4 de la loi du 23 mars 1855 énumèrent les actes qui doivent être transcrits pour ne pas tomber sous ses sanctions rigoureuses que nous étudierons dans les articles 3 et 4, 2°.

Aux termes de l'article 1, 1°, tout acte translatif de propriété immobilière ou de droits réels susceptibles d'hypothèque devra être transcrit au bureau des hypothèques de la situation des biens. Au premier rang nous trouvons la vente et l'échange : la vente, qui se trouve maintenant régie par la disposition *restrictive* de l'article 1583; l'échange, qui a la plus grande analogie avec le précédent contrat. Pourtant si l'échange ou la vente, de même que toute autre convention, avait pour effet d'opérer un partage, comme le prévoit l'article 888, il n'y aurait pas lieu dans ce cas à transcription, comme nous l'indique le 4° de l'article 1, qui n'est qu'une application de la dispense de transcrire établie en faveur des partages.

La promesse de vente proprement dite, celle que les parties n'ont pas voulu confondre avec le contrat de vente lui-même, ne créant que des obligations, n'est pas assujettie à être transcrite; mais le contrat passé en exécution de cette promesse, ou le jugement qui en tient lieu et qui dans ce cas n'est pas seulement déclaratif, mais encore translatif, devra être transcrit.

Lorsqu'une vente est faite sous condition suspensive ; elle est soumise à la transcription, parce que les tiers ont très grand intérêt à savoir qu'ils ne peuvent acquérir sur l'immeuble ainsi vendu que des droits éventuels. Seulement l'acquéreur sous condition suspensive n'a pas besoin de faire constater sur le registre des transcriptions l'arrivée de l'événement incertain qui tenait son droit en suspens. Les tiers ont été avertis que l'acquéreur n'avait que des droits éventuels ; ils doivent s'informer s'ils se sont consolidés. Ainsi une vente à réméré devra être transcrite ; mais le vendeur qui exercera le réméré n'aura pas à mentionner sur le registre cette circonstance qui n'est autre que l'arrivée de la condition suspensive sous laquelle le vendeur était propriétaire.

L'hypothèse suivante peut se présenter. Quelqu'un sans avoir de mandat à cet effet achète un immeuble au nom d'un ami; s'il fait transcrire, son ami devient propriétaire sous la condition suspensive qu'il ratifiera, et comme la ratification a un effet rétroactif au jour de la transcription, l'ami demeure propriétaire, alors même qu'un tiers aurait acheté et transcrit avant la ratification mais après la transcription faite par le gérant. Dans la pratique le cas pourrait se présenter quand le mari acquiert un immeuble en remploi des propres de sa femme, et que celle-ci aura consenti à ratifier.

La transcription serait nécessaire au cas d'une cession d'action en revendication. Un pareil contrat, quand on triomphe dans l'action qui en est l'objet, est, à vrai dire, translatif de propriété, et en conséquence soumis à être transcrit, car ce n'est pas le jugement qui intervient, et qui n'est que déclaratif qui peut avoir opéré la transmission de l'immeuble revendiqué avec succès. J'en dirai autant de la cession d'une action en réméré ; elle est bien évidemment translative de propriété, puisque le vendeur à réméré qui était propriétaire sous condition suspensive, a cessé de l'être par l'effet de la cession.

La dation en paiement étant une vente véritable, doit être soumise à la transcription. Ce contrat est fréquent dans les liquidations de communauté : s'il s'agit d'une communauté entre époux, et que l'immeuble de l'un des époux soit donné en paiement à son conjoint, il y a là une transmission sujette à la formalité nouvelle ; mais lorsque le mari prélève un immeuble de communauté, il n'y a pas lieu à transcription, le prélèvement étant considéré comme une opération de partage ; j'en dirai autant du partage des immeubles de la communauté entre le mari et la femme. De même encore, il ne faudra pas transcrire, vu l'absence de transmission, quand la femme reprend ses propres qu'elle trouve en nature dans la communauté; au contraire, si les propres de la femme ne se trouvent plus en nature dans l'actif, elle devient créancière de la communauté, et les reprises immobilières qu'elle exerce étant de véritables dations en paiement, devront être transcrites.

Nous pensons qu'un contrat de société dans lequel on a stipulé des apports immobiliers, tombe sous l'application générale de l'art. 1, 1° quelle que soit du reste l'opinion que l'on professe sur la nature de ce contrat. Pour ceux qui pensent qu'une société est une personne morale, l'acquisition faite par cet être fictif est évidente; pour ceux qui soutiennent qu'une société n'est qu'une indivision sans personnalité distincte, il y a dans le fait de mettre des immeubles en commun, une création d'indivision qu'on ne peut s'empêcher de regarder comme un groupe de transmissions emportan avec elles la nécessité d'être transcrites.

La clause d'ameublissement déterminé sans limitation de somme, offre une particularité curieuse au point de vue qui nous occupe et nous permet de faire usage de l'observation que nous avons faite sur la nature facultative de la transcription. Une pareille clause transfère à la communauté la propriété de l'immeuble ameubli, ou tout au moins le rend indivis; que ce soit la femme ou que ce soit le mari qui ameublisse, peu importe, puisque le mari, en faisant meuble son immeuble, perd désormais le droit d'en disposer à titre gratuit. Il y a donc dans tous les cas aliénation; voyons si comme conséquence, la transcription doit s'en suivre, et pour cela posons une espèce. Avant le mariage, un tiers a acheté de Paul l'immeuble A, et il n'a pas fait transcrire son titre d'acquisition; quelque temps après, Paul se marie et ameublit l'immeuble A. On se demande si la communauté, qui est un tiers ayant des droits réels sur l'immeuble ameubli, et qui, en transcrivant la clause d'ameublissement conformément à l'art. 3 de notre loi, pourrait opposer à l'acheteur le défaut de transcription de son titre de vente, on se demande si la communauté a bien intérêt à opposer l'absence de cette formalité, et si, au contraire, elle n'aurait pas avantage à se prévaloir de la nature facultative de la transcription, et en ne transcrivant pas son propre titre, à se priver du droit de l'opposer aux autres. Il faut répondre qu'il est de l'intérêt bien entendu de la communauté, de ne pas opposer à l'acheteur, ayant cause du mari, le défaut de transcription ; en effet, si elle l'oppose, elle se verra forcée de payer le montant de la garantie et des indemnités auxquelles l'époux vendeur sera condamné, dettes qui, étant antérieures au mariage, tombent à sa charge sans récompense; au contraire, si elle se laisse évincer, elle aura un recours contre l'époux en garantie de l'ameublissement.

C'est par *a fortiori* que nous raisonnerions, si, au lieu d'un ameublissement déterminé sans limitation de somme, il s'agissait d'un ameublissement déterminé, mais jusqu'à concurrence d'une certaine somme. Dans ce dernier cas, le doute ne serait pas possible; une semblable clause ne transférant pas la propriété à la communauté. Nous donnerions encore la même solution, à savoir que la transcription ne devrait pas être faite par la communauté, si les époux avaient stipulé une commnnauté universelle, ce qui revient à un ameublissement général sans limitation de somme.

Doit-on voir une translation de propriété dans le retrait litigieux exercé par un revendiquant contre un acquéreur du droit contesté. Ainsi, Primus, propriétaire de l'immeuble, le revendique contre Secundus, qui de son côté en réclame la propriété; pour se débarrasser du procès, Primus vend l'immeuble à Tertius qui fait transcrire. Secundus en venant exercer le retrait litigieux, se substitue à Tertius dans la vente qui lui a été faite; il n'y a pas là une seconde aliénation; aussi la transcription faite par Tertius est-elle suffisante. Les tiers qui auront traité avec l'acquéreur du droit litigieux auront dû s'informer des circonstances dans lesquelles il a acheté; ils auront dû s'attendre à l'exercice du retrait.

La cession de biens, suivant qu'elle est judiciaire ou volontaire est dispensée ou non de la transcription. Dans le premier cas, elle ne constitue pas de translation de propriété; le débiteur malheureux demeure propriétaire; dans la cession volontaire il faut user de distinction et voir si les parties ont entendu enlever la propriété au débiteur.

Une transaction, lorsqu'elle est seulement déclarative de propriété, n'est pas assujettie à la formalité de la publicité; elle l'est au contraire quand elle est translative de propriété, comme quand pour terminer un procès que j'ai avec vous au sujet de l'immeuble A, et pour garder cet immeuble sur lequel mon droit est contesté je vous abandonne l'immeuble B, dont je suis propriétaire avéré; mais remarquons qu'une seule transcription devra être faite, celle de l'aliénation de l'immeuble B; quant à l'abandon que vous m'avez fait de l'immeuble A, la transcription ne saurait être exigée, car dans cet abandon il n'y a pas d'acquisition. Il n'y a pas même aveu de votre part, il y a seulement désir de terminer une contestation. Cela est si vrai, que personne n'oserait soutenir que vous êtes garant de l'éviction que je pourrais subir. Mais si la transaction déguisait une vente, nul doute qu'il ne fallût la transcrire.

En étudiant la transcription sous le Code Napoléon, nous avons vu que les donations de biens susceptibles d'hypothèques étaient soumises à cette formalité pour avoir effet à l'égard des tiers. (art. 939) Devons-nous sous ce rapport assimiler les institutions contractuelles aux donations ordinaires ? Des auteurs penchent pour la négative, voyant dans l'institution par contrat de mariage une véritable institution d'héritier, et préférant même l'institué en faveur de mariage à un légataire que la loi dispense de la transcription ; ils ne voient pas au surplus quel avantage l'institué en retirerait, puisqu'il pourra toujours faire annuler les donations des biens compris dans l'institution (art. 1083) annulation dont les donataires évincés n'auront pas à se plaindre eu égard à la maxime *potior tempore potior jure.*

Nous pensons qu'il doit en être autrement.

L'institution contractuelle n'est pas seulement un testament, puisqu'à l'exemple de celui ci, elle ne saurait être révoquée par un acte à titre purement gratuit; elle en diffère surtout en ce que l'institué est partie au contrat et ne saurait dès lors prétexter l'excuse d'ignorance que peut invoquer à bon droit le légataire. Ce n'est pas non plus le seul intérêt de l'institué qu'il faut envisager, c'est surtout l'intérêt des tiers, qui, ne voyant aucune donation transcrite auront cru pouvoir accepter de l'instituant et après avoir attaché leurs soins et leur fortune à un immeuble qu'ils croyaient être leur patrimoine, se trouveront indignement évincés par un donataire coupable de la plus impardonnable négligence. Pourquoi, du reste n'opposeraient-ils pas à la maxime « *prior tempore potior jure* » cette autre règle du droit romain « *in pari causa melior est causa possidentis.* »

Sur le point de savoir si les donations entre époux doivent ou non être transcrites, il existe aussi des divergences. Le doute, quant à moi, ne paraît pas possible en présence de la généralité des termes de l'article 938, et de l'intérêt évident de l'époux donataire à ce qu'il y ait transcription. L'accomplissement de cette formalité mettra l'immeuble donné à l'abri des saisies que pourraient pratiquer les créanciers de l'époux donateur, et aussi à l'abri des hypothèques légales ou judiciaires qui pourraient venir grever les biens du donateur postérieurement à la donation.

La loi nouvelle n'oblige pas à la publicité telle qu'elle l'organise, les actes administratifs. Ces actes sont de deux sortes; ceux que l'État accomplit comme simple particulier, comme personne morale, et ceux qui émanent du pouvoir du prince, comme les concessions de mines, de canaux, etc.

On ne transcrit pas les premiers, parce que la transcription est une mesure de méfiance, et qu'on ne doit pas soupçonner l'Etat qui ne vend qu'en vertu de lois; quant aux autres actes, ils reçoivent une publicité suffisante de leur insertion au Bulletin des lois.

L'art. 1, dans son premier alinéa, quand il parle pour les soumettre à la transcription, d'actes translatifs de propriété immobilière ou de droits réels susceptibles d'hypothèques, vise sans contredit dans ces dernières expressions, non-seulement l'usufruit, qui, aux termes formels de l'art. 2118, est le seul droit réel, autre que celui de propriété, qui puisse être hypothéqué, mais encore l'emphytéose et le droit de superficie qu'à tort, selon nous, la jurisprudence a jusqu'à la loi de 1855, qui confirme sa doctrine, regardé comme existant encore dans notre Code Napoléon, et comme étant susceptible d'hypothèque.

Au sujet de l'obligation imposée à l'acquéreur d'un droit d'usufruit de faire transcrire son titre, recherchons si le contrat de mariage duquel résulte au profit du mari un droit de jouissance sur les biens de la femme doit être transcrit.

Sous le régime de communauté, le mari n'aurait pas d'intérêt à transcrire le contrat, pour pouvoir opposer à un tiers acquéreur du chef de la femme, le défaut de transcription d'une vente qu'elle lui aurait consentie antérieurement au mariage : le tiers évincé recourrait en garantie contre la communauté à la charge de laquelle les dettes mobilières de la femme ayant date certaine antérieure au mariage sont tombées sans récompense.

Si le contrat de mariage établit un régime sans communauté, le mari est usufruitier de tous les biens de sa femme; mais ici encore il n'aura pas d'intérêt à transcrire et à opposer à un acquéreur d'un bien de la femme antérieur au mariage, le défaut de transcription de cet acte; son droit d'usufruit, qu'il conserverait intact en invoquant la transcription du contrat de mariage, serait obligé de céder à l'action en garantie de l'acheteur évincé qui, pour le paiement des intérêts des sommes dues, actionnerait le mari usufruitier universel.

La transcription du contrat de mariage n'aurait non plus aucun intérêt quant aux aliénations que la femme pourrait consentir durant le mariage : l'autorisation nécessaire du mari pour que ces aliénations soient valables est pour celui-ci une garantie suffisante.

Dans l'hypothèse d'un régime dotal stipulé, il faut distinguer s'il est universel ou à titre universel, cas auxquels nous donnons la même solution que pour le régime sans communauté ; ou bien s'il est à titre particulier, hypothèse dans laquelle la transcription du contrat de mariage acquiert de l'intérêt pour le mari.

Ce dernier n'étant qu'usufruitier à titre particulier, n'aura pas à supporter les intérêts des dettes de sa femme; il pourra donc opposer avec avantage le défaut de transcription au tiers-acquéreur de l'immeuble constitué dotal par le contrat de mariage.

Lorsqu'il sera utile de transcrire un contrat de mariage, comme souvent il contiendra des dispositions que les familles tiennent à garder secrètes, on pourra, je crois, se borner à transcrire la partie du contrat contenant la clause soumise à la formalité.

Il n'est pas douteux que les actes translatifs des actions de la banque de France, des canaux d'Orléans et du Loing, lorsqu'elles sont immobilisées, doivent être soumises à la transcription.

Continuons, en lisant le deuxième alinéa de notre article 1, l'énumération des actes que la loi nouvelle désire qu'on transcrive ; nous y voyons que tous actes emportant renonciation aux droits réels immobiliers, susceptibles d'hypothèques, sont astreints à la formalité. En exigeant la publicité des renonciations à pareils droits, le législateur a voulu protéger les personnes qui traitent avec ceux qui ayant eu un de ces droits l'ont perdu clandestinement.

Une renonciation peut revêtir des caractères de trois sortes différentes. Renoncer à un droit, ce peut être refuser d'acquérir, ou bien reconnaître le droit d'autrui, ou bien encore abdiquer un droit acquis.

On refuse d'acquérir quand par exemple, on renonce à une succession à laquelle votre qualité d'héritier vous appelle ; dans ce cas, la fiction de l'article 785 en vertu de laquelle « l'héritier qui renonce est censé n'avoir jamais été héritier, » nous amène à dire qu'une semblable renonciation n'opère pas de translation de propriété, puisque l'héritier renonçant n'a jamais été propriétaire, et qu'en conséquence elle ne doit pas être transcrite. Du reste, les tiers qui ont intérêt à connaître le siége véritable de la propriété des biens du défunt, trouveront des renseignements suffisants pour s'assurer de la renonciation d'un héritier, dans les registres tenus à cet effet aux greffes des tribunaux. Ils auront la même facilité, grâce aux mêmes registres, de savoir si une femme mariée a renoncé ou non à la communauté ; mais comme ces moyens de publicité leur manquent quand ils veulent s'assurer si un légataire a renoncé à son legs, nous exigerons, puisque la loi suppose que tout le monde connaît la propriété du légataire, qu'il avertisse le public quand il la perd.

Dans un autre sens que le précédent, il y a renonciation quand on reconnaît le droit d'autrui ; ainsi un désistement, une négligence calculée à ne pas invoquer une prescription qui est acquise, ce sont là des aveux tacites d'un droit préférable à celui qu'on croyait avoir ; mais il n'y a aucune aliénation, partant aucune nécessité de transcription. En ce qui touche la prescription, je crois qu'une distinction doit être faite. On peut renoncer à une prescription accomplie, soit en ne l'invoquant pas, soit en y renonçant après l'avoir invoquée; au premier cas, sans aucun doute, on ne trouve pas d'aliénation, mais au second, je pense qu'il faudrait en voir une, puisque le prescrivant, aux termes de l'art. 712, a acquis la propriété, et qu'il cesse d'être propriétaire par l'effet de cette renonciation ; il abdique en réalité un droit acquis. Je verrais dans un acte semblable une libéralité soumise au rapport et à la réduction. Je suppose bien entendu que le possesseur qui renonce à la prescription n'était pas sous l'empire de l'erreur, quand il a fait sa renonciation.

Renoncer à une action en nullité, ce n'est pas transférer un droit de propriété, c'est confirmer un droit chancelant. Un incapable devenu capable renonce au droit d'attaquer l'acte qu'il a fait; ce n'est pas cette ratification qui a opéré mutation de propriété, mais bien l'acte même qui était annulable. Un acte est entaché d'un vice de consentement ou de dol, celle des parties qui pourrait attaquer le contrat le ratifie; il n'y a pas lieu à transcrire sa ratification. La transcription n'aurait pas été exigée si la ratification de l'acte annulable avait eu lieu par le laps de dix ans écoulés; or la ratification verbale équivaut à la ratification par le laps de temps.

Mais il faudrait transcrire la renonciation à

un droit acquis; car il y a là veritablement une aliénation. L'acheteur qui renoncerait à ses droits, le cohéritier qui renoncerait en faveur d'un de ses cohéritiers ou en faveur de tous, pourvu qu'il reçût un prix, ferait au dernier cas, une translation de droit réel immobilier, soumise à la publicité.

Tout jugement qui déclare l'existence d'une convention verbale translative de droits réels immobiliers doit être transcrit, puisqu'il est le seul titre écrit qui constate la mutation, et que la transcription seule peut avertir les tiers. Toutefois, comme on peut attendre longtemps avant d'obtenir un jugement qui reconnaisse l'existence de vos droits, et que dans cet intervalle, des tiers pourraient acquérir et conserver des droits incompatibles aux vôtres, on fera prudemment d'obtenir du président du tribunal une ordonnance en référé que le conservateur des hypothèques devra transcrire, et qui mettra le public en garde contre des acquisitions trop précipitées. L'art. 558 du Code de procédure nous fournit un argument d'analogie.

L'article 1 dans son dernier alinéa pose d'une manière générale que « tout jugement d'adjudication, autre que celui rendu sur licitation au profit d'un cohéritier ou d'un copartageant, est soumis à la transcription. »

Aux termes de cette disposition une seule exception serait admise en faveur des cohéritiers ou copartageants : c'est là une application du principe qui dispense de la transcription tout acte déclaratif. Il faut ajouter encore quelques dérogations à la règle que tout jugement d'adjudication doit être transcrit. Ainsi le jugement d'adjudication rendu au profit d'un acquéreur qui se porte enchérisseur est dispensé, aux termes formels de l'article 2189, de la transcription; c'est avec raison, car ce jugement n'est pas translatif, il ne fait qu'écarter une cause d'éviction.

Nous dispenserons aussi de la transcription le jugement d'adjudication au profit d'un héritier bénéficiaire qui se porte adjudicataire des immeubles de la succession. Dès la mort du défunt, dans le système de la loi actuelle, il a été saisi *erga omnes* ; l'adjudication ne fait que déterminer le montant du prix qui est dû aux créanciers du défunt; le jugement n'est en rien translatif de propriété ; il ne sera pas transcrit, bien qu'il rentre dans les termes du quatrième alinéa de l'article 1 ; car on ne doit pas perdre de vue que le premier alinéa du même article domine toute la matière, et qu'il n'y est question que d'actes *translatifs*.

C'est un point délicat de savoir si les jugements d'expropriation pour cause d'utilité publique, jugements qui, de l'avis de tous, transfèrent des droits réls immobiliers au profit de l'Etat, tombent sous l'application de la loi du 23 mars 1855, ou s'ils restent sous l'empire de la loi spéciale en cette matière, la loi du 3 mai 1841. Au point de vue pratique, la question est intéressante. Si on applique à ces jugements la loi nouvelle, l'Etat devra faire diligence pour faire transcrire le jugement d'expropriation et pour mettre son droit à l'abri du droit qu'un acquéreur postérieur aurait acquis sur l'immeuble, et aurait conservé en le transcrivant avant la transcription du jugement; ce n'est pas tout : l'application de la loi de 1855 en matière d'expropriation abrogerait, parce qu'il est contradictoire au nouveau principe de publicité, l'article 17 de la loi de 1841. D'après cet article, les créanciers hypothécaires peuvent s'inscrire dans la quinzaine qui suit la transcription du jugement d'expropriation, tandis que, d'après l'article 3 de notre nouvelle loi, les inscriptions ne peuvent être prises que jusqu'à la transcription.

Pour soutenir que la loi de 1855 est applicable, on argumente de la généralité des termes de l'article 1 et de la nature translative des jugements d'expropriation, et on fait ressortir l'intérêt qu'ont les tiers à être avertis que l'immeuble sur lequel ils veulent acquérir des droits ont passé désormais dans le domaine de l'Etat. Mais on répond avec raison que, malgré ses termes généraux, la loi nouvelle ne saurait atteindre une législation qui forme un tout complet et qu'une loi spéciale a pris soin de réglementer ; qu'après le jugement d'expropriation rendu ou la convention amiable passée entre l'administration et le propriétaire, tout droit privé sur l'immeuble exproprié s'évanouit; qu'au reste l'intérêt des tiers n'est pas complétement négligé, quand on considère les moyens divers que la loi de 1841 exige pour que l'expropriation soit rendue publique.

La loi du 11 brumaire an VII, et après elle, le projet du Code civil dans san article 91 si malheureusement disparu, n'avaient exigé la publicité que pour les actes translatifs de la propriété immobilière et de ses démembrements, mais seulementde ceux qui étaient susceptibles d'hypothèques. Cela tenait à ce que les deux législations s'étaient placées principalement au point de vue hypothécaire sans comprendre que ce qu'ils organisaient dans cette intention restreinte ne devait être qu'une conséquence d'un principe beaucoup plus général.

La loi du 23 mars 1855 eut des vues plus larges ; envisageant l'intérêt du crédit foncier dans son ensemble, elle comprit que pour le tiers, il importait autant de savoir dans quelles mains se trouvait tel ou tel démembrement de propriété, quel qu'il fût, que de savoir où était le siége de la propriété tout entière ou de quelques-uns seulement de ses démembrements. Aussi l'article 2 de la loi nouvelle, innovant en cela à la loi de brumaire et au projet du Code, assujettit à la publicité tous les démembrements quelconques du droit de propriété, qu'ils soient ou non susceptibles d'hypothèques; tels sont les droits d'antichrèse, de servitude, d'usage et d'habitation.

Bien que l'art. 2 ne dise pas formellement, comme l'art. 1er, qu'il n'entend soumettre à la transcription les actes translatifs des droits qu'il énumère, qu'autant que ces actes sont entre-vifs, cependant il faut reconnaître qu'il en est ainsi; car cela a été observé expressément devant le Corps législatif, et il ne faut pas oublier que la disposition générale de l'art. 1 réfléchit sur tous les articles suivants.

Les termes de l'art. 2, 1° ne distinguant pas entre les servitudes apparentes et non apparentes, nous déciderons que les actes constitutifs de servitudes seront transcrits, peu importe qu'il s'agisse de servitudes apparentes ou non.

Mais qu'on ne se hâte pas d'en conclure l'abrogation de l'art. 1638, accordant à l'acheteur, que le vendeur a laissé dans l'ignorance des servitudes non apparentes établies sur l'immeuble vendu, soit une action en garantie, soit le droit de faire résoudre le contrat.

La transcription ne regarde que les rapports de l'acheteur avec les tiers et non pas ceux de l'acheteur avec son vendeur; aussi quand même les servitudes non apparentes seraient transcrites au moment de l'acquisition de l'immeuble, si le vendeur commet la faute de ne pas en déclarer l'existence, il sera sous le coup de l'article 1638.

Il s'élève au sujet de la constitution des droits de servitude, d'usage et d'habitation une difficulté sérieuse : soumettra-t-on à la publicité tout acte constitutif de ces droits, sans distinguer si cet acte est à titre onéreux ou gratuit ? Le doute prend naissance du rapprochement des art. 1 et 2 d'une part, et de l'art. 11 dernier alinéa d'autre part.

A ne consulter que les premiers articles, il faudrait, vu la généralité de leurs termes, répondre affirmativement sans hésiter ; mais en présence de la disposition expresse de l'art. 11, nul doute que la loi nouvelle ne s'occupe pas des actes à titre gratuit. « Il n'est point dérogé, dit l'art. 11, aux dispositions du Code Nap. relatives à la transcription des actes portant donation ou contenant des dispositions à charge de rendre ; *elles continueront à recevoir leur exécution.* »

On ne peut demander quelque chose de plus clair. Cependant on a soutenu que la loi nouvelle assujettisait à la transcription les constitutions à titre gratuit de servitudes, d'usage, d'habitation. C'est là une erreur évidente, et le paradoxe sur lequel on a essayé d'asseoir cette opinion, est le résultat d'une interprétation mauvaise de l'art. 939 du Code Napoléon.

Cet article est ainsi conçu : « Lorsqu'il y aura donation de biens *susceptibles d'hypothèques*, la transcription des actes contenant la donation et l'acceptation, ainsi que la notification de l'acceptation qui aura eu lieu par acte séparé, devra être faite aux bureaux des hypothèques, dans l'arrondissement desquels les biens sont situés. » Or, dit-on, l'art. 2118 énumère limitativement les biens qui sont susceptibles d'hypothèques, et nous n'y voyons pas mentionnées les servitudes ; donc la donation d'une servitude n'est pas soumise à la transcription. C'est là qu'est l'erreur; l'art. 939 n'a pas ce sens restreint qu'on veut lui donner.

Si l'on ne consulte que l'esprit de la loi, on reste convaincu que la publicité doit être exigée pour les donations de servitudes, tout aussi bien que pour les donations d'usufruit. Les tiers ont autant d'intérêt à savoir que le donateur avec lequel ils traitent a aliéné un démembrement de sa propriété qu'on appelle servitude, qu'il leur importe de connaître l'aliénation que ce donateur a faite d'un autre démembrement de sa propriété qu'on appelle usufruit; quelque soit le nom que l'on donne à cette partie de son bien que le donateur a séparée du tout, les tiers n'en sont pas moins intéressés à connaître cette séparation; pourquoi exigerait-on la publicité dans un cas et pas dans l'autre? Il n'y aurait aucune bonne raison pour faire une telle distinction, et la loi qui l'aurait faite serait certainement illogique. Si elle existait cependant, il faudrait bien s'y soumettre; mais voyons si elle existe. Est-il impossible, sans violer la loi et sans torturer les textes, est-il impossible de faire rentrer les droits de servitude, d'usage et d'habitation dans les mots « *biens susceptibles d'hypothèque* » dont parle l'article 939? Certainement non : car si l'on veut réfléchir que la transcription a pour but de venir en aide à ceux qui voudraient traiter avec un propriétaire qui a déjà aliéné tout ou partie de son bien, que par conséquent quand il s'agit de donation, la transcription a pour but de protéger les tiers contre le donateur, et qu'ainsi, c'est vis-à-vis du donateur qu'il faut se placer pour savoir quelle est à ses propres yeux la nature du droit qu'il a conféré; que si, comme nous le supposons, le donateur a grevé gratuitement son immeuble d'une servitude, c'est de sa part l'aliénation d'une partie d'un tout qui est susceptible d'hypothèque; si l'on veut réfléchir à toutes ces raisons, on décidera sans peine qu'au moment où le démembrement de propriété qu'on appelle servitude sort du patrimoine du donateur, il est partie d'un tout susceptible d'hypothèque et que par conséquent il est lui-même susceptible d'hypothèque.

Il rentre donc tout naturellement dans les termes de l'article 939, et tout en respectant l'article 11 de la loi de 1855, tout en ne sortant pas des limites du Code Napoléon, nous démontrons que le législateur de 1804 n'a pas été illogique comme on paraît le croire, et nous assujettissons à la publicité les constitutions de servitude d'usage, et d'habitation, qu'elles soient à titre onéreux ou à titre gratuit.

Disons enfin que si le législateur n'a pas dit

simplement dans l'article 939 que les donations d'immeubles en général, sans ajouter les mots « *susceptibles d'hypothèque* » seraient transcrites, c'est qu'il voulait soustraire à cette formalité les donations de rentes foncières, lesquelles étaient encore des droits immobili ers (l'article 530, qui les déclare meubles ayant été promulgué le dernier du Code), mais des droits immobiliers non susceptibles d'hypothèques.

L'article **2** ne parle que de la constitution d'antichrèse; il ne parle pas, et avec raison de la cession d'une créance garantie par un droit d'antichrèse. La constitution du droit devra être transcrite, mais non pas la cession de la créance qui n'est soumise qu'à la formalité de l'article 1690, pour avoir effet contre les tiers. Au reste,, le cessionnaire en acquérant la créance, acquiert par là même la garantie qui l'accompagne.

L'antichrèse suppose le dessaisissement du propriétaire: aussi est-elle rarement consentie. On a prétendu que depuis la loi de 1855, l'antichrèse pouvait exister sans dépossession effective du propriétaire, et que cette innovation n'était que la conséquence du désir qu'avait le législateur d'augmenter le plus possible le crédit foncier. Voici comment on raisonne : de deux choses l'une, ou bien la constitution d'antichrèse a été transcrite, et alors les tiers sont avertis du dessaisissement du propriétaire, ou bien il n'y a pas eu transcription, et dans ce cas, l'antichrèse ne saurait leur nuire. Ils sont donc à l'abri de toute surprise, et l'on ne voit plus d'intérêt à ce que le propriétaire se dessaisisse de son bien, puisque la transcription tient lieu de dessaisissement.

Nous n'admettons pas une semblable innovation, qui n'a rien moins pour effet que de créer un droit réel nouveau, savoir : le droit aux fruits sans la possession effective; ce qui serait abroger l'article 2085. Il n'est pas non plus exact de dire que les tiers sont à couvert de toute surprise; car les créanciers chirographaires du constituant, qui ne peuvent invoquer le défaut de transcription contre le titulaire du droit, auraient été trompés par la possession de l'immeuble grevé d'antichrèse laissée entre les mains de leur débiteur; et il serait bizarre qu'une loi introduite dans l'intérêt des tiers, vînt restreindre des précautions existant déjà en leur faveur.

Les alinéas 2 et 3 de l'article 2 sont la reproduction quant aux droits d'antichrèse, de servitude, d'usage et d'habitation des alinéas correspondants de l'art. 1.

On comprend facilement l'intérêt que peuvent

avoir les tiers à connaître une renonciation à un droit de servitude ; il n'en est pas de même quand on se trouve en présence d'une renonciation à un droit d'antichrèse ; ici l'intérêt des tiers n'est pas si évident; ce ne seront pas assurément les tiers qui traiteront avec le propriétaire de l'immeuble grevé d'antichrèse, qui souffriront de cette renonciation; seront-ce davantage les cessionnaires de la créance garantie par l'antichrèse? On ne voit pas comment, puisqu'il leur suffit de se renseigner auprès du débiteur, pour savoir s'il existe encore un droit d'antichrèse garantissant la créance. Cependant l'intérêt se montre pour ces derniers si l'on suppose que l'antichrèse a été constituée par une personne étrangère à la dette, et que les cessionnaires et le débiteur lui-même peuvent ne pas connaître. La transcription devra donc être faite, puisqu'il peut y avoir intérêt pour les tiers à connaître la renonciation au droit d'antichrèse.

Quant à la renonciation aux droits d'usage et d'habitation, on ne trouve aucun intérêt à la faire transcrire, puisque ces droits ne peuvent être aliénés.

Le quatrième alinéa de notre art. 2 porte que « les baux d'une durée de plus de 18 années seront transcrits. C'est là une disposition qu'on est étonné de trouver au milieu des autres. La loi semble ne prendre attention qu'aux droits réels, et voilà toute isolée une disposition qui a trait à des droits personnels. Voici comment M. de Belleyme explique la nécessité de rendre publics les droits personnels résultant de baux à longue durée :

« Pour que la publicité atteigne complétement son but, qui est de révéler d'une manière utile et pratique l'état vénal de la propriété, il faut assujettir à la transcription tous les actes qui, sans constituer des droits réels, imposent cependant à la propriété des charges qui sont de nature à en altérer véritablement la valeur. Tels sont les baux à long terme et les quittances anticipées de plusieurs années de loyer. »

Quand on se rappelle les dispositions de l'art. 1743, qui défend à l'acquéreur d'un immeuble donné à bail ayant date certaine, d'expulser le preneur, on conçoit combien il est important, pour les tiers qui pourraient se porter acquéreurs de l'immeuble affermé, de savoir qu'ils ne pourront entrer en jouissance qu'après un temps souvent fort long, et de ne pas être exposés, par suite d'une ignorance qu'ils ne pouvaient éviter, à se voir opposer un droit qui déprécie considérablement l'immeuble qu'ils ont acquis. Ceci une fois admis, qu'un immeuble affermé pour un long bail perd de sa valeur vénale, restait un point délicat, puisqu'il était arbitraire : c'était de fixer la durée des baux soumis à la transcription. La commission du Corps législatif, d'accord avec le conseil d'Etat, chercha à concilier les exigences du crédit immobilier avec le respect dû aux usages et à la liberté des conventions privées; ils fixèrent 18 ans.

Une question que la loi nouvelle n'a pas tranchée, est celle de savoir si les baux de moins de 18 ans, venant à être renouvelés beaucoup avant l'expiration du bail courant, devront être transcrits quand ajoutés aux années qui restent à courir ils dépasseront 18 années. Si chaque bail successif est inférieur de quelques mois seulement à 18 ans, on conçoit qu'en renouvelant le premier peu de temps après qu'il a commencé, on arrivera facilement à rendre obligatoires des baux d'une durée indéfinie sans les soumettre à la transcription. Il est pourtant des auteurs qui, prenant l'art. 2, 4° à la lettre, raisonnent ainsi : on doit transcrire seulement les baux d'une durée de plus de 18 années ; or, chaque renouvellement de bail porte sur des baux inférieurs à 18 ans; donc ils sont dispensés de la transcription. Inutile de faire remarquer combien ce système est contraire à l'esprit de la loi. Une autre opinion consiste à appliquer par analogie l'art. 1430, où il est dit que les baux renouvelés dans les trois ans qui précèdent la fin du bail seront valablement consentis. Mais nous ne pouvons admettre cette doctrine en présence des discussions qui eurent lieu au sujet de la fixation de la durée des baux soumis à la transcription, et dans lesquelles on rejeta la proposition tendant à reproduire les art. 1429 et 1430.

Pour mon compte, je crois que le législateur n'a pas songé au cas qui nous occupe, et il me semble devoir être résolu d'après l'esprit général de la loi nouvelle, en respectant toutefois les textes qui sont formels. Je distinguerai l'hypothèse où le bail est renouvelé entre les mêmes parties, et celle où avant l'expiration du bail courant, un nouveau preneur vient consentir un bail d'une durée moindre de 18 ans, mais qui, jointe au temps qui reste à courir, dépasse cette limite. Dans la première hypothèse, je ne vois dans le renouvellement des baux inférieurs à 18 ans fait entre les mêmes parties, que la continuation d'un seul et même bail divisé adroitement en baux successifs, moindres de 18 ans chacun, dans le but d'échapper à la nécessité d'être rendu public. Je laisserais du reste le choix de décider la question à la prudence des tribunaux.

Dans la seconde hypothèse, celle où le nouveau bail sera contracté par un nouveau preneur, on ne doit pas priver ce dernier du bénéfice de la loi, et si son bail est inférieur à 18 ans, nous le dispenserons de la transcription, encore bien qu'ajouté à ce qui reste du bail courant, il dépasse la limite légale.

Le cinquième et dernier alinéa de l'article 2 édicte une disposition analogue à celle de l'alinéa précédent. Il soumet à la transcription tout acte ou jugement constatant, même pour un bail de moins de 18 ans, quittance ou cession d'une somme équivalente à trois années de loyers ou fermages non échus. Il n'est pas besoin d'insister sur l'utilité de cette prescription de la loi. Il est de toute évidence que si le preneur paie d'avance des loyers non encore échus, ou si le bailleur cède à quelqu'un sa créance de fermages à échoir, sans que ni l'un ni l'autre de ces actes soit rendu public, le tiers acquéreur de l'immeuble affermé, qui sait peut-être qu'il existe un bail, mais qui achète malgré cela, espérant toucher au moins les revenus, sera indignement frustré. Examinons le cas d'une cession de créance équivalente à plus de trois années de fermages non échus. Pour que cette cession soit valable pour toute sa durée au regard des tiers, il faut qu'elle soit signifiée au débiteur cédé ou acceptée par lui, et en second lieu qu'elle soit transcrite. Si elle n'était pas transcrite, elle ne serait opposable au tiers acquéreur que pour trois ans, pourvu encore qu'elle ait été notifiée ou acceptée, conformément à l'article 1690.

Si nous supposons que le preneur, dont le bail dépasse 18 ans, l'a transcrit et l'a ensuite cédé à un tiers pour un temps plus long que 18 années, il faut dire que le concessionnaire du bail n'aura pas à transcrire son titre, quelle que soit du reste l'opinion que l'on professe sur la réalité ou la personnalité du droit du preneur. Le doute ne serait possible que chez les partisans de la réalité; ils pourraient voir dans la cession d'un bail un acte translatif du droit réel immobilier; mais quand cela serait, ce que pour notre propre compte nous n'admettons pas, un tel acte ne saurait être soumis à la transcription parce que le droit réel immobilier sur lequel il porte n'est pas susceptible d'hypothèque.

On ne devra pas transcrire l'acquisition du droit de faire une coupe de bois, une récolte, ou d'exploiter une mine ; il y a là cession de créance : une notification ou une signification seront suffisantes.

La vente d'un champ où se trouve une carrière, avec le droit d'extraire des pierres, ne doit être transcrite qu'autant que l'acquisition est faite pour l'utilité d'un fonds et sans limitation de temps ; car alors c'est une véritable constitution de servitude ; mais s'il y a un temps fixé pour la durée du droit, si c'est un simple bail qui est consenti, la transcription n'est exigée que s'il dépasse dix-huit années.

Du mode de transcription.

L'article 3 du projet portait que : « pour opérer la transcription, une copie entière de l'acte ou du jugement est déposée au bureau de la conservation des hypothèques.

Elle est signée par le notaire, si l'acte est authentique; par la partie qui requiert les transcriptions, s'il est sous-seing privé ; s'il s'agit d'un jugement, par l'avoué qui l'a obtenu.

Le conservateur en donne récépissé ; il classe les copies par ordre de date, et transcrit par extrait, sur un registre à ce destiné, les noms, prénoms et domiciles des parties, la date de l'acte et du jugement, la nature et la situation de l'immeuble, la nature des droits transmis ou reconnus par l'acte ou le jugement, le jour et l'heure du dépôt. »

C'était une innovation au système adopté par la loi de brumaire an VII, qui exigeait la transcription du titre *en entier;* sous le Code Nap., dans le cas où la transcription était nécessaire, le titre à transcrire devait l'être également dans *son entier.*

Les rédacteurs du projet pensèrent, qu'en soumettant à la publicité des registres un nombre d'actes beaucoup plus considérable que ceux que la loi de Brumaire et le Code Napoléon y avaient soumis, ils devaient chercher un moyen de rendre plus expéditive la transcription; aussi proposèrent-ils le moyen ingénieux qui précède. La transcription d'un extrait de l'acte était suffisante; les registres devenaient pour ainsi dire un répertoire donnant toute facilité pour se reporter à l'acte lui-même; enfin les copies, signées du notaire, de l'avoué ou de la partie, tout en dégageant la responsabilité du conservateur quant à l'exactitude de la copie, étaient classés avec ordre et formaient un dépôt qui, en cas de perte des minutes ou des originaux, conservait aux parties les titres de leurs droits.

Malgré ces avantages, le projet fut rejeté sur ce point. On craignit que la collation des copies et l'inscription de l'extrait n'amenâssent des complications, sans amener économie de temps; on trouva que l'extrait n'offrait pas les mêmes garanties ni les mêmes avantages que la copie littérale; enfin que dans le système proposé la transcription n'était pas mentionnée sur l'original même du titre. Il fut donc décidé que sur ce point la législation ancienne serait conservée, et que les actes seraient transcrits *en entier*.

Je crois qu'il ne faudrait pas prendre cette expression au pied de la lettre et transcrire même les clauses qui sont complétement étrangères à la nécessité d'être rendues publiques.

Ainsi dans une adjudication où plusieurs lots ont été vendus, je pense que l'acquéreur d'un lot n'est tenu de faire transcrire que la partie du procès-verbal qui a trait à son lot.

De même quand un contrat de mariage contient une clause qui nécessite la publicité, c'est cette clause seulement et non pas tout le contrat qui doit être transcrit.

La transcription doit être faite aux bureaux des hypothèques dans l'arrondissement desquels les immeubles qui sont l'objet des actes sont situés. Si un même immeuble est situé dans plusieurs arrondissements, la transcription devra être faite dans le bureau de chacun d'eux.

Une question qui fut vivement discutée au corps législatif fut celle de savoir si les actes sous-seing privé pourraient être transcrits, et si pour que la transcription d'un acte pût être faite, il ne fallait pas qu'il fût authentique. La loi de brumaire avait décidé la question en faveur des actes sous-seing privé ; malgré les oppositions assez vives que ce système rencontra, il a triomphé encore dans la loi de 1855. On incriminait les actes sous-seing privé de n'offrir aucune garantie si l'on n'exigeait pas, ce qui était impossible en pratique, que la transcription fût prise en présence des parties signataires; on leur reprochait aussi de ne pas donner une publicité suffisante, rédigés qu'ils pouvaient être, soit en patois, soit en bas-breton, etc... Ces raisons n'étaient pas fondées : la loi nouvelle laisse aux actes sous-seing privé la valeur que leur donne le Code Napoléon; ils peuvent servir de preuves aux transports de la propriété tout aussi bien que les actes authentiques. La transcription n'assurait pas la véracité des actes, peu importe qu'on transcrive un acte sous-seing privé ou un acte authentique.

L'acte sous seing privé fait foi de tout ce qu'il contient excepté de sa date *erga omnes* ; aussi faut-il, avant d'être transcrit, qu'il soit enregistré; le droit de transcription devant être payé en même temps que celui d'enregistrement, le conservateur doit refuser la transcription si les droits n'ont pas déjà été payés. Tout acte transcrit a donc date certaine; mais qu'importe maintenant la date de l'acte, puisque le rang des ayants droit se règle par l'ordre des transcriptions?

La loi du 25 ventôse an XI, ni aucune loi postérieure n'oblige les notaires qui font les actes à les faire transcrire. Ils ne sont responsables du défaut de transcription qu'autant qu'ils se seraient engagés à la faire, ou qu'ils en auraient été chargés explicitement ou implicitement.

Nous donnerons la même solution pour les avoués, sauf le cas spécial prévu par l'article 4 de notre loi.

De la sanction de l'obligation de transcrire.

Le Code Napoléon avait généralisé l'idée spiritualiste, que le consentement suffit pour transférer la propriété, tant entre les parties qu'à l'égard des tiers; ce système était fondé sur la présomption de bonne foi du vendeur; la date certaine de l'acte réglait les conflits entre deux acquéreurs; mais le crédit foncier devait se mettre en garde contre la mauvaise foi, quelque rare qu'on puisse la supposer; la loi nouvelle, protectrice de ce crédit, tout en laissant subsister le principe spiritualiste du Code entre les parties, le remplace, à l'égard des tiers par le principe de publicité. La sanction de ce principe consiste dans le droit pour les tiers, de méconnaître ces actes tant qu'ils n'ont pas été transcrits; toutefois pour que les tiers jouissent d'une prérogative si favorable, la loi exige qu'ils réunissent deux conditions essentielles : la première, c'est qu'ils aient eux-mêmes des droits réels sur l'immeuble qu'ils revendiquent; la seconde, c'est qu'ils aient conservé ces droits en se conformant aux lois (art. 3). Ainsi Primus vend à Secundus l'immeuble A; Secundus est devenu propriétaire à l'égard de Primus, mais les tiers peuvent regarder Primus comme étant demeuré le vrai propriétaire jusqu'à ce que Secundus ait fait transcrire son titre. De telle sorte que, si avant cette transcription Tertius achète le même immeuble A du chef de Primus, et que plus vigilant que Secundus, il fasse transcrire son titre avant lui, au regard des tiers, ce sera Tertius qui aura la propriété de l'immeuble A.

La première condition à savoir l'existence d'un droit réel résulte d'un changement de rédaction apporté au projet et de paroles formelles de M. de Belleyme à ce sujet. Le projet du conseil d'Etat (art. 4) portait que : « jusqu'à la transcription, les droits résultant des actes et jugements énoncés aux articles précédents ne peuvent être opposés aux tiers qui ont *des droits* et qui les ont conservés en se conformant aux lois. » La commission du corps législatif fit changer la rédaction :

« L'art. 4 (devenu l'art. 3), dit M. de Belleyme, « son rapporteur, a été adopté dans son prin- « cipe, sauf un changement de rédaction qui en « précise le sens. Par ces mots : « *aux tiers qui* « *ont des droits sur l'immeuble* » on a voulu écarter « la prétention des créanciers chirographaires, « qui auraient pu vouloir opposer le défaut de « transcription. Ce droit leur est refusé par le « projet de loi. »

En conséquence, un créancier chirographaire qui pratique une saisie sur un immeuble, postérieurement à la vente qui en a été faite et qui fait transcrire sa saisie avant que l'acquéreur ait fait transcrire son acte de vente, ne peut pas opposer à cet acquéreur le défaut de transcription. Ce créancier chirographaire n'ayant acquis par la ranscription de sa saisin aucun droit sur l'immeuble saisi, n'est pas un tiers ayant un droit réel sur l'immeuble, et dès-lors il ne peut invoquer la sanction de l'article 3.

J'en dirai autant du créancier hypothécaire qui a pratiqué une saisie ; il est bien vrai que l'hypothèque est un droit réel, et qu'au premier abord il me semble que le créancier hypothécaire rentre dans la catégorie des tiers qui peuvent opposer le défaut de transcription ; mais, si l'on veut y prendre garde, on verra, que le créancier hypothécaire dont on ne conteste pas le droit de suite, n'a pas pu empêcher son débiteur de vendre son immeuble, si toutefois la vente est antérieure à la transcription de la saisie (art. 686 Proc.); que dès-lors, son hypothèque reconnue lui garantit son droit, malgré la vente qui a été faite; qu'il n'éprouve par suite de cette vente aucun préjudice quant à ce droit, qu'il ne saurait, par conséquent s'en prévaloir pour opposer le défaut de transcription.

Il va souffrir, il est vrai, de l'aliénation en ce sens qu'il lui faudra recommencer une saisie contre le tiers-acquéreur, qui n'a pas transcrit son acte de vente avant la transcription de la saisie ; mais, comme cette transcription de saisie ne confère aucun droit réel, il ne peut l'invoquer pour repousser l'acheteur quant aux frais qu'emportera la nouvelle saisie, ils seront répartis d'après l'appréciation des tribunaux, sur le saisi, l'acquéreur et le saisissant.

Nous trouvons, en matière de faillite, quelque chose d'analogue à l'hypothèse que nous venons d'examiner. Un vendeur tombe en faillite; le jugement déclaratif est rendu avant que l'acquéreur ait transcrit ; la masse des créanciers de la faillite peut-elle opposer le défaut de transcription.

D'après la loi du 23 mars 1855, il faut répondre négativement ; car le jugement déclaratif ne confère à la masse aucun droit réel sur les immeubles du failli, mais dessaisit le failli de l'administration de ses biens.

Il est bien vrai qu'aux termes de l'art. 448 du Code de commerce, les créanciers hypothécaires non encore inscrits, ne peuvent plus prendre inscription après le jugement déclaratif ; et qu'il peut paraître inconséquent qu'on puisse transcrire utilement une vente dans un moment où il n'est plus temps d'inscrire une hypothèque ; mais de ce que la loi de 1855 crée une inconséquence, ce n'est pas un motif suffisant pour en violer les termes.

Je donnerais la même solution, encore que la masse des créanciers eût pris inscription hypothécaire sur les biens du failli après le jugement déclaratif, mais avant la transcription de l'acte de vente ; car ce que nous avons dit précédemment en matière de saisie, nous le répétons ici, en matière de faillite : la masse chirographaire qui a pris inscription comme le lui permettait l'article 490 du Code de comm., a acquis un droit réel que l'acquéreur non encore transcrit ne lui conteste pas ; alors la vente ne saurait nuire à l'hypothèque inscrite, qui suit l'immeuble en quelques mains qu'il passe ; la masse chirographaire n'a donc aucun intérêt dans le sens de la loi nouvelle, à opposer le défaut de transcription.

Ainsi, pour pouvoir opposer le défaut de transcription, il faut avoir des droits réels sur l'immeuble, ce qui implique qu'on soit l'ayant-cause de celui qui a constitué les droits qui n'ont pas été conservés. Mais il ne faut pas croire que tout ayant-cause puisse invoquer la sanction dont parle notre article 3 ; les ayants-cause à titre particulier ont seuls cette faculté ; les héritiers ou légataires universels tenus de l'action en garantie, ne sauraient opposer le défaut de transcription.

Je repousse la distinction que quelques auteurs veulent faire entre les ayants-cause à titre onéreux, et les ayants-cause à titre gratuit. A mon sens, les uns et les autres peuvent se prévaloir de la négligence des tiers qui prétendent aux mêmes droits qu'eux, ou à des droits incompatibles avec les leurs.

Les adversaires raisonnent ainsi : l'art. 11 de la loi du 23 mars 1855 laisse les ayants-cause à titre gratuit sous l'empire du Code Nap. : or, aux termes de l'art. 1072 de ce Code, les donataires du constituant ne peuvent pas opposer le défaut de transcription. Je réponds que l'article 1072 prévoit le défaut de transcription de la substitution, et non celui de la disposition principale qu'il suppose transcrite, que dès lors la donation principale étant transcrite, les donataires pas plus que les acquéreurs postérieurs du chef du constituant, ne peuvent prétendre aucun droit sur les immeubles donnés, et qu'il leur importe peu en tant qu'ayant-cause du constituant, que la clause de substitution ait été ou non transcrite, que l'art. 1072 écarté, l'art. 941 se présente dans toute sa généralité, permettant à *toutes personnes ayant intérêt*, d'opposer le défaut de transcription des donations immobilières.

On objecte l'art. 1167 aux termes duquel les donations faites en fraude des créanciers peuvent être annulées sur la demande des créanciers, *a fortiori* sur la demande de ceux qui ont des droits réels. Or, dit-on, si on suppose une vente d'immeubles non suivie de transcription, puis une donation du même immeuble transcrite par le donataire, toujours il y aura fraude, et ce que l'acquéreur ne pourrait obtenir à cause du défaut de transcription, il l'obtiendra par l'action paulienne.

Cette objection tombe devant cette double

observation : que si l'acquéreur triomphe dans l'action révocatoire, il n'y a jamais eu de donation, partant la transcription qu'on en a faite est comme non avenue, et notre loi nouvelle n'est pas isolée ; qu'en second lieu, la donation de l'immeuble vendu peut n'être pas frauduleuse dans tous les cas. Pour qu'il y ait fraude, il faut qu'il y ait insolvabilité du disposant, et connaissance de sa part qu'il se rend insolvable. Or, je puis parfaitement donner un immeuble que j'ai déjà vendu, sans être pour cela dans l'impossibilité de payer la garantie et les dommages-intérêts que pourra me réclamer l'acquéreur ; voilà pour l'insolvabilité ; je puis mourir après avoir vendu mon immeuble, et mon héritier, dans l'ignorance de cette vente, peut donner ce même immeuble ; voilà pour la bonne foi ; il n'est donc pas vrai de dire que dans tous les cas, la donation d'immeubles faite après la vente de ces mêmes immeubles est frauduleuse, et avec cette conclusion s'affaisse le système que nous combattons.

Répétons donc que pour pouvoir opposer à quelqu'un qui a acquis un droit réel sur un immeuble, le défaut de transcription de son titre, il faut soi-même avoir acquis un droit réel sur cet immeuble et l'avoir conservé en se conformant aux lois, c'est-à-dire l'avoir inscrit ; si c'est un privilége ou une hypothèque ; l'avoir transcrit, si c'est un acte translatif d'une autre nature. J'ajoute qu'il faut avoir acquis ce droit du véritable propriétaire ; car la transcription ne saurait conférer d'autres droits que ceux appartenant à l'auteur avec lequel on a contracté. Je prends un exemple pour me faire mieux comprendre. Pierre vend son immeuble à Primus qui ne fait pas transcrire, et qui vend le même immeuble à Secundus.

Ce dernier s'empresse de faire porter sur les registres du conservateur son acte de vente passé avec Primus. Quelque temps après, Pierre, le vendeur originaire, constitue au profit de Tertius une hypothèque sur l'immeuble qu'il a déjà vendu. Tertius inscrit son hypothèque ; je soutiens qu'il pourra l'opposer valablement, comme il aurait pu le faire au cas d'une vente que Pierre aurait contractée avec lui au lieu de lui consentir hypothèque, je soutiens qu'il pourra l'opposer à Secundus.

En effet, Secundus était un tiers par rapport à Pierre, et tant que l'acte de vente de Pierre à Primus n'a pas été transcrit, aux yeux de Secundus, le véritable propriétaire était Pierre, et non pas Primus; en acquérant de ce dernier il a dû savoir qu'il acquérait *a non domino*, puisqu'au regard des tiers c'était Pierre qui était demeuré propriétaire ; au reste, il importe peu dans notre espèce que Secundus, en faisant transcrire son titre, mentionne le nom du vendeur antérieur, Pierre dans l'espèce; cette mention ne peut être connue des tiers qui consulteront les registres. Les répertoires des registres ne contenant pas l'indication de chaque immeuble de l'arrondissement, mais bien les noms des propriétaires de ces immeubles, et le conservateur n'étant obligé par aucune loi de relever dans sa table le nom de tous les précédents vendeurs, on comprend, qu'en les consultant, les tiers qui ne verront au nom de Pierre aucune aliénation de droits réels immobiliers, soient parfaitement fondés à dire qu'à leurs yeux Pierre était le véritable propriétaire.

Il ne faudrait pas non plus tenir compte de l'antériorité de transcription du titre de Secundus sur celui de Tertius ; la loi ne fixe aucun délai pour prendre inscription ou transcription; nous ne saurions donc prononcer une déchéance là où la loi n'en parle pas.

Parlons maintenant des fins de non-recevoir à opposer le défaut de transcription.

Nous en trouvons une dans la disposition de l'art. 941. Ainsi, le tuteur chargé de faire transcrire l'acquisition qu'il a faite au nom de son pupille et qui ne le ferait pas transcrire, ne serait pas recevable à lui opposer le défaut de transcription.

De même ceux qui auront colludé avec le vendeur ou qui auront transcrit un titre nul (la transcription ne validant pas les actes qu'on lui soumet) ne seront pas écoutés s'ils invoquent le défaut de transcription.

La loi prenant la peine d'édicter un mode spécial de publicité, on ne pourra pas se voir opposer comme fin de non-recevoir la connaissance que l'on a acquise de l'acte translatif qu'on attaque par une autre voie que la voie légale, la transcription (art. 1071).

Nous venons d'appliquer par analogie l'article 1071; nous devrons aussi et par analogie encore appliquer à notre matière la disposition de l'art. 1070, aux termes duquel, le mineur, dont le tuteur aurait dû transcrire l'acte d'acquisition se verra évincer, sans pouvoir arguer de la faute de son tuteur, sauf bien entendu son recours contre ce dernier.

Si un conflit s'élève entre deux personnes qui ont transcrit le même jour, il faut appliquer rigoureusement l'art. 3, et dire que celle dont le titre est transcrit le premier sur le registre des transcriptions devra l'emporter. L'art. 2147, tout spécial au cas de plusieurs inscriptions hypothécaires prises le même jour, ne peut être invoqué par analogie. Quant à la fraude que peut commettre le conservateur, la partie qui aura à s'en plaindre devra la prouver, et elle aura son recours contre lui.

Il n'est pas douteux non plus, que l'acquéreur évincé pour défaut de transcription ait une action en garantie contre son vendeur qui, peut-être même est stellionataire, et comme tel contraignable par corps.

Occupons-nous maintenant de la sanction qu'édicte la loi nouvelle au sujet de la transcription des baux. Elle est contenue dans le deuxième alinéa de l'art. 3, ainsi conçu : « Les baux qui n'ont point été transcrits ne peuvent jamais être opposés aux tiers ayant acquis des droits sur l'immeuble et les ayant conservés en se conformant aux lois, pour une durée de plus de 18 ans. » La difficulté dans l'application de cette sanction est de fixer le point de départ des dix-huit années.

Soit un bail consenti pour 36 ans et non transcrit; deux années après, le propriétaire de l'immeuble affermé, le vend à un acquéreur qui s'empresse de transcrire. Dès ce moment le conflit va s'élever entre l'acquéreur et le preneur ; si ce dernier ne peut justifier d'une transcription antérieure à celle de l'acheteur, il ne pourra plus rester sur les lieux affermés et vendus que pendant 18 ans à partir de la transcription de l'acte de vente, époque où s'élève le conflit. L'acquéreur ne saurait se plaindre avec quelque fondement; car ne voyant pas de bail transcrit, s'il n'a pas dû craindre l'opposition d'un preneur pour plus de 18 années, il a dû s'attendre à souffrir un bail ayant au plus cette durée.

Si au lieu d'une vente consentie par le bailleur, nous supposons une constitution d'hypothèque, donnerons-nous pour point de départ aux 18 ans l'époque de l'inscription, comme nous venons de donner en cas d'aliénation celle de la transcription. Au premier abord l'affirmative ne semble pas douteuse; car les deux questions paraissent identiques; peu importe, pourrait-on dire, que ce soit la propriété entière ou un démembrement de cette propriété que le bailleur ait aliéné ; je crois pourtant qu'il faut donner une solution distincte dans les deux cas. Quand un propriétaire hypothèque un de ses immeubles, il ne s'enlève pas pour cela le droit de l'administrer; en sorte qu'un immeuble peut être affermé et hypothéqué ensuite, *et vice versa*, sans qu'il en résulte deux situations incompatibles, sans qu'un conflit doive instantanément se produire; il pourra naître plus tard, et alors le créancier hypothécaire pourra opposer au preneur le défaut de transcription et ne souffrir le bail que pendant dix-huit années, à partir du conflit. Mais quelle sera l'époque de ce conflit? ce sera le moment où le créancier hypothécaire voulant convertir l'immeuble en argent, enlèvera à son débiteur la faculté de l'administrer, en lui faisant faire un commandement (art. 684, proc.). Nous ferons donc courir les dix-huit années du jour du commandement.

Nous en avons fini avec la sanction de notre loi. Nous passons à l'art. 4, qui renferme un complément, ou pour mieux dire un *correctif* de la publicité exigée par la loi du 23 mars 1855.

La transcription, nous l'avons déjà dit en différentes occasions, ne garantit pas la validité intrinsèque de l'acte transcrit, de sorte qu'il peut arriver que la vente que l'on a fait transcrire soit résolue, et que l'acquéreur ait cessé d'être propriétaire et même soit censé ne l'avoir jamais été. Cependant, cet effet juridique de la résolution n'empêche pas qu'en fait, l'acte de vente ne se trouve sur les registres de la transcription, et qu'aux yeux du public l'acquéreur, dont le contrat vient d'être annulé ou résolu, ne soit encore propriétaire. C'est précisément dans le but d'avertir les tiers de cet état de choses, c'est pour que la transcription d'un acte ne puisse les tromper sur son existence apparente que le législateur a édicté l'art. 4.

Art. 4. « Tout jugement prononçant la résolution, nullité ou rescision d'un acte transcrit, doit, dans le mois à dater du jour où il a acquis l'autorité de la chose jugée, être mentionné en marge de la transcription sur le registre. »

Si l'on s'en tenait aux termes restreints de l'article ci-dessus, il faudrait dire, que dans le cas où la résolution d'une acquisition a lieu de plein droit, on trancrira le jugement qui la constate; mais que, s'il ne s'élève aucune contestation sur cette résolution, ou si les parties sont convenues à l'amiable que, tel événement échéant, il y aura résolution de plein droit, il faudrait dire dans ces hypothèses, puisqu'il n'y a pas de jugement prononcé, qu'il n'y a pas besoin de mentionner la résolution du contrat en marge de la transcription. Assurément ce serait aller bien loin ; cependant, il ne me paraît pas possible de soutenir le contraire en présence des termes formels du premier alinéa de l'art. 4, qui est absolument inapplicable au cas où les parties se rendent justice à elles-mêmes, sans porter leur différent devant les tribunaux, et surtout en lisant la seconde partie de notre article qui est la sanction de la disposition que nous analysons.

« L'avoué qui a obtenu ce jugement, porte l'art. 420, est tenu, sous peine de cent francs d'amende, de faire opérer cette mention, en remettant un bordereau rédigé et signé par lui au conservateur, qui lui en donne récépissé. »

Dès lors, si le législateur n'oblige que l'avoué à faire la mention sur le registre, pouvons-nous prononcer contre l'une des parties, une déchéance qui n'est pas écrite dans la loi. Sera-ce l'acquéreur, qui a cessé de l'être, qui sera tenu de la faire? sera-ce, au contraire, le vendeur qui, par l'effet rétroactif de la résolution, n'a jamais cessé d'être propriétaire? Prononcera-t-on contre ce dernier la sanction de l'art. 3? On ne saurait le faire; car cette sanction n'atteint que les tiers ayant acquis des droits, et dans l'espèce il n'y a aucune acquisition. Tout en reprochant à l'article de laisser le public exposé à de dangereuses erreurs, nous ne pensons pas devoir élargir la portée de l'art. 4. Avant de se séparer de leur argent, les tiers, s'ils sont prudents, devront s'informer auprès du vendeur indiqué sur le registre, s'il n'y a pas eu résolution du contrat.

Les jugements dont il doit être fait mention, doivent avoir acquis l'autorité de la chose jugée, c'est-à-dire, n'être plus susceptibles d'être attaqués par les voies ordinaires de réformation, l'opposition et l'appel. Si ces jugements, après la mention qui en est faite, venaient à être rétractés par les voies extraordinaires, comme la requête civile, ou la cassation, les registres ne se trouveraient plus conformes à la réalité. Nous pensons, bien que le législateur n'ait pas prévu ce cas, que celui qui aurait intérêt à faire rayer cette mention, le pourrait faire ; si le conservateur s'y opposait, un jugement viendrait au secours de l'intéressé.

C'est à l'avoué de la partie qui a obtenu le jugement ou l'arrêt qu'incombe l'obligation d'en faire la mention sur le registre. Dans le bordereau qu'il remettra au conservateur, l'avoué devra énoncer tout ce qui peut intéresser les tiers.

La peine encourue par l'avoué qui n'a pas rempli le devoir qui lui est imposé, est une amende de 100 fr. On peut trouver cela bien minime auprès de la gravité des intérêts compromis ; mais telle est la loi dans sa rigueur.

Des obligations du conservateur des hypothèques.

Les registres des transcriptions sont ouverts au public ; quiconque se présente au conservateur a droit d'obtenir la communication qu'il réclame. Le requérant sera toujours forcé de désigner au conservateur une personne actuellement ou anciennement propriétaire ; car les tables et répertoires du conservateur ne contiennent que des noms de personnes. La publicité repose sur les noms, prénoms et domicile des parties et nullement sur les immeubles eux-mêmes.

Il n'existe aucune table cadastrale contenant l'état des immeubles et destinée à recevoir l'annotation des charges dont chaque propriété foncière est grevée.

Or, quand le conservateur connaîtra un des propriétaires à qui l'immeuble appartient ou a appartenu, il lui sera facile de remonter ou de descendre la chaîne des mutations, au gré du requérant; et s'il se trouve arrêté par une transmission par succession, il faudra que la personne requérante s'informe du nom des héritiers du défunt pour que le conservateur puisse reprendre le cours de ses recherches. « Le conservateur lorsqu'il en est requis, porte l'article 5, délivre sous sa responsabilité, l'état spécial ou général des transcriptions et mentions prescrites par les articles précédents. »

La responsabilité du conservateur est double; il est responsable du défaut de transcription d'un titre qu'on lui a remis à cet effet envers la personne intéressée à la transcription de ce titre; ce cas n'est pas prévu par notre article 5, mais par l'article 2197. Le conservateur est responsable pour l'erreur qu'il peut commettre dans le relevé qu'on lui demande des transcriptions inscrites sur ses registres, et dans ce cas, c'est le requérant qu'il doit indemniser.

Il est des errreurs dont le conservateur n'est pas responsable: ce sont celles qui proviennent de l'acte même présenté à la transcription, ou bien encore celles qui occasionnent une erreur dans la réquisition d'un état de transcription.

Quant à la rapidité avec laquelle on peut se procurer un état de ce genre, elle est subordonnée au nombre d'actes qu'il y a à transcrire: les tribunaux apprécieront la diligence du conservateur s'il s'élève un débat sur ce point.

De l'effet de la transcription d'une aliénation relativement aux créanciers hypothécaires ou privilégiés du précédent propriétaire qui n'ont pas encore pris inscription.

L'art. 6 de la loi du 23 mars 1855 n'est qu'une application de l'art. 3 au cas particulier où la transcription d'une aliénation vient suspendre le cours des inscriptions hypothécaires; en d'autres termes, à partir de la transcription, les créanciers privilégiés ou ayant hypothèque, ne peuvent prendre utilement inscription sur le précédent propriétaire.

Tel était le système de la loi de brumaire;

exposons rapidement par quelles phases il est passé avant de reparaître dans notre loi nouvelle.

Sous l'empire de la loi du 11 brumaire an VII, les aliénations n'étant opposables aux tiers qu'autant qu'elles étaient transcrites, les créanciers privilégiés ou hypothécaires pouvaient utilement s'inscrire même après l'aliénation de l'immeuble qui leur était affecté ; ils le pouvaient, tant que l'acte d'aliénation n'avait pas été transcrit, car jusque-là leur débiteur avait conservé à leur égard la propriété de l'immeuble dont il a disposé. Ainsi les hypothèques, bien que non inscrites, survivent à l'aliénation de l'immeuble hypothéqué ; elles ne s'éteignent que par l'effet de la transcription qui seule arrête le cours des inscriptions en fermant le délai accordé aux créanciers pour s'inscrire. Le droit de suite appartient donc aux créanciers inscrits soit *avant*, soit même *après* l'aliénation, mais avant la transcription.

Sous l'empire du Code Napoléon, conçu dans l'esprit de la loi de brumaire, mais malheureusement troublé dans son harmonie par la disposition inexplicable de l'art. 91 du projet qui édictait le principe de la publicité des transmissions par voie de transcription, le système spiritualiste se dresse victorieux, et la propriété se transférant à l'égard des tiers comme entre les parties, par le seul consentement, les créanciers qui ont acquis des droits réels sur l'immeuble aliéné sont forclos, par cette aliénation, d'inscrire leurs priviléges ou hypothèques ; le droit de suite n'appartient qu'à ceux dont l'inscription a précédé l'aliénation.

Ce résultat fut modifié par l'art. 834 du Code de procédure d'après lequel l'aliénation n'opère plus par elle-même l'extinction des priviléges ou hypothèques non inscrits, et les créanciers nantis de ces droits ne sont plus mis par elle en demeure de s'inscrire : l'obligation de procéder à cette formalité ne commence pour eux qu'à partir du moment où ils ont été interpellés à cet effet par la voie de la transcription. Un délai de quinze jours leur est accordé pour se mettre en règle : s'ils s'inscrivent dans ce délai, leur droit est sauvegardé ; dans le cas contraire, il est éteint. Dans ce système, le droit de suite appartenait aux créanciers inscrits avant l'expiration des quinze jours qui suivent la transcription; ainsi le délai qui leur est accordé pour s'inscrire est fermé non plus, comme sous l'empire du Code Napoléon par la date de l'aliénation, ni même comme sous l'empire de la loi de brumaire par la date de transcription, mais par l'expiration des quinze jours qui suivent cette dernière époque.

La loi du 23 mars 1855 a remis en vigueur le système de la loi de brumaire an VII. Aujourd'hui, il est permis de s'inscrire même après l'aliénation ; mais dès qu'elle est transcrite, le cours des inscriptions est arrêté. Toutefois, par une faveur, dont nous allons montrer la bizarrerie, le vendeur et le copartageant sont admis à s'inscrire même après la transcription, pourvu qu'ils le fassent dans les quarante-cinq jours à compter de l'acte de vente ou du partage.

Cette faveur ne se trouvait pas dans le projet du gouvernement; elle y fut introduite sur les observations de la commission du corps législatif qui l'exigea pour ainsi dire comme compensation des art. 834 et 835 du Code de procédure dont le projet portait l'abrogation. Pour apprécier le prix de cette faveur qui souleva tant de discussions au sein du corps législatif, il faut remonter jusqu'à la loi de brumaire et y chercher à quelles conditions le vendeur conservait son privilége.

Conséquente avec le principe de publicité qu'elle avait pris pour base, la loi de brumaire avait posé comme règle que les biens grevés de priviléges ne devaient entrer dans le patrimoine du débiteur que marqués d'un signe public attestant la charge qui les grève, et comme sanction de cette règle, la loi établissait que les priviléges n'auraient d'effet qu'autant que leur publicité, établie par leur inscription, fût antérieure ou au moins concomitante au fait qui leur aurait donné naissance.

Comme application de son principe, la loi de brumaire édictait les règles que reproduisent nos articles 2108 et 2110 (elle n'accordait pas de privilège au copartageant) qui ont recouvré toute leur importance depuis la loi nouvelle qui restaure le système de la publicité.

L'article 2108 porte que la transcription de l'acte de vente d'un immeuble conserve au vendeur son privilège, et vaut pour lui inscription; ici nous avons l'hypothèse d'un privilège qui est rendu public au moment même où il prend naissance : on ne peut atteindre en cette matière un plus heureux résultat; en effet, tant que le titre d'acquisition n'aura pas été transcrit, la propriété n'étant pas transférée à l'égard des tiers, le vendeur a bien plus qu'un privilège, il a encore au regard du public la propriété; au contraire, la transcription a-t-elle eu lieu, par ce fait seul les tiers sont avertis tout à la fois qu'un immeuble est sorti du patrimoine du vendeur pour entrer dans celui de l'acheteur, et que cet immeuble n'y est entré qu'avec une retenue qui n'est autre qu'un privilège. Il en est ainsi parceque la loi regarde les clauses d'un contrat comme indivisibles, et dès lors elle répute connu des tiers le privilège du vendeur, qui est une des clauses principales du contrat, dès l'instant que ces tiers ont eu connaissance de la vente elle-même. Ceci posé, voici l'espèce prévue par le deuxième alinéa de l'article **6**: Primus vend un immeuble à Secundus, qui ne fait pas transcrire; Secundus le revend le lendemain, par exemple, à Tertius, qui fait faire la transcription de son titre de vente du chef de Secundus. En présence de ces faits, l'article 6, 2° partant de l'idée que la transcription seule du titre de Tertius, pourvu que le nom de Primus s'y trouve mentionné comme premier vendeur, suffit à transférer la propriété à l'égard de tous encore que le titre de Secundus n'ait pas été soumis à la transcription, l'art. 6, 2° prend en pitié le sort de Primus qu'il regarde comme étant forclos d'inscrire son privilège par la transcription si brusque du titre de Tertius; aussi pour lui venir en aide, il lui accorde 45 jours à partir de la vente que lui-même a consentie pour prendre inscription, laquelle, prise dans ce délai, sera parfaitement efficace, malgré la transcription qui aurait pu être faite par Tertius.

Évidemment dans cette disposition la loi a

voulu accorder une faveur au vendeur ; mais en avait-il bien besoin ? l'art. 3 ne le protégeait-il pas suffisamment et même beaucoup plus que cette faveur spéciale ?

En effet, tant que Secundus n'a pas fait transcrire le titre qu'il tient de Primus, aux termes formels de l'art. 3, celui-ci n'a pas cessé à l'égard des tiers d'être propriétaire ; ceux-ci n'ont pas été avertis qu'une mutation de propriété avait eu lieu du chef de Primus ; pour eux, c'est donc encore Primus qui est le véritable propriétaire ; dès lors quand Tertius vient acheter de Secundus et qu'en compulsant les registres, il ne voit aucune transcription du chef de son vendeur, il doit le considérer comme n'étant pas propriétaire et ne doit pas s'attendre en traitant avec lui à acquérir aucun droit. A ses yeux comme aux yeux de tous, Primus est demeuré propriétaire, il a donc bien plus qu'un privilége, il a la propriété entière ; il peut très valablement hypothéquer et même vendre l'immeuble à Quartus qui l'emportera sur tout ayant-cause de Secundus à la condition de transcrire son propre titre. En voulant trop secourir on a nui. Cela vient de ce que les rédacteurs n'ont pas voulu être logiques, et déduire de l'article 3 les conséquences qu'il entraîne. Ils ont cru que la transcription purgeait l'immeuble, objet du contrat transcrit, de tous les droits réels, même de celui de propriété à l'égard de tout le monde, sans distinguer, ce qui pourtant était capital et se trouvait parfaitement indiqué dans la loi de brumaire, si le titre qu'on faisait transcrire émanait ou non *a domino*.

Ils imaginèrent ce système singulier qui consiste, en supposant Primus vendeur de Secundus, qui ne transcrit pas et Tertius, acquéreur de Secundus qui transcrit et mentionne dans son titre et dans sa transcription, le nom du premier vendeur Primus, ils imaginèrent de dire que la mention du nom de Primus dans le titre passé entre Secundus et Tertius, équivalait, quand cette mention se trouvait reproduite sur les registres du conservateur, à la transcription que Secundus aurait dû faire de son titre; et partant de là, ils se sont apitoyés sur le sort du premier vendeur, qui n'avait en rien besoin de leur protection, s'ils eussent laissé à l'art. 3 sa portée véritable. Qu'avait à craindre Primus dans le système de la loi de brumaire? Absolument rien; car de deux choses l'une : ou bien Secundus a fait transcrire son titre, et alors par ce seul fait, aux termes de l'art. 2108, son privilége de vendeur est rendu public, et par conséquent opposable à tout ayant cause postérieur de Secundus; ou bien Secundus n'a pas transcrit, et dans ce cas n'ayant pas acquis la propriété aux yeux des tiers, il ne saurait leur conférer aucun droit ; pour eux Primus est toujours propriétaire, dès lors qu'a-t-il besoin d'un privilége?

C'est pour n'avoir pas voulu faire ce raisonnement que le législateur de 1855, est arrivé au résultat dont nous signalons la singularité. N'est-il pas étrange, en effet, qu'avec la manière dont sont tenus les registres et avec les seules obligations imposées aux conservateurs, on ait imaginé de croire que la mention qui serait faite dans un titre et dans une transcription du nom d'un précédent vendeur, dont l'acquéreur n'aura pas fait transcrire le titre, pût remplacer la transcription de ce même titre, et en admettant qu'il en fût ainsi, comment en conclure que ce précédent vendeur a perdu son privilége; si on tient la mention du nom du précédent vendeur pour équivalente à la transcription de son contrat, les tiers ont été avertis de la vente, et comme les clauses de ce contrat sont indivisibles, ils ont été par là même avertis du privilége du vendeur; ils n'ont donc pas le droit de lui opposer le défaut d'inscription. Mais est-il vrai de dire qu'une pareille mention équivaut à une transcription? au point de vue de la publicité, on ne peut le soutenir : le conservateur n'est pas tenu de mentionner à son répertoire les noms des précédents vendeurs qui lui sont indiqués dans l'acte qu'il transcrit. Dès lors quand les tiers consulteront les registres, ne trouvant pas aux noms de ces vendeurs de transcription qui les avertisse qu'ils ont cessé d'être propriétaires, ils traiteront avec eux en toute confiance et ne pourront être repoussés par des acquéreurs *a non domino*.

Ce n'est pas le seul reproche qu'on puisse adresser à l'art. 6, sur lequel on a discuté tant et plus; les articles qu'il vise sont, les uns incomplets, les autres inexacts. C'est ainsi que, dans son premier alinéa, en omettant de renvoyer à l'art. 2121 qui énumère les hypothèques légales, sans doute pour exclure de sa disposition celles des femmes, des mineurs et des interdits, il semble exclure aussi les autres hypothèques légales, celles de l'Etat, des communes et des établissements d'utilité publique, tandis que bien certainement telle n'a pas été, quant à ces dernières, l'intention du législateur.

Une seconde critique de rédaction porte sur le renvoi aux articles 2108 et 2109, qui se trouve dans le second alinéa. Dans le projet on lit 2103 et 2109; le premier chiffre était exact, le second ne l'était pas ; car l'article cité parle de la manière de conserver le privilége du copartageant et non pas de l'établissement de ce privilége dont il est statué au 2° de l'art. 2103. Il eût fallu viser, pour être exact, les 1° et 3° de l'art. 2103.

C'est aussi dans un esprit favorable que l'art. 6, 2° a donné au copartageant 45 jours pour inscrire son privilége ; mais ici encore le législateur n'a pas atteint son but ; car le copartageant qui a 60 jours pour inscrire son privilége quand il s'agit de son droit de préférence, n'en a plus que 45, quand c'est de son droit de suite qu'il s'agit. On peut dire, pour motiver cette différence que l'on a eu en vue la circulation des biens.

Nous venons détudier jusqu'à quel moment sous l'empire de la loi nouvelle le vendeur peut rendre public son privilége, ce qui est la même chose, aux termes de l'art. 2106, que le conserver. Cette faveur, que notre législation accorde au vendeur, de retenir sur l'immeuble dont il se sépare un droit suffisant pour se garantir le paiement du prix de vente, n'est pas la seule protection qui lui soit accordée ; le législateur a pensé que souvent un vendeur préférerait reprendre l'immeuble qu'il avait vendu, plutôt que d'en poursuivre l'expropriation et de se faire payer sur le prix d'adjudication; aussi l'art. 1654 lui permet-il, s'il n'est pas payé de l'acheteur, de demander la résolution de la vente. Ainsi, deux faveurs sont accordées au vendeur d'immeuble, un privilége et une action résolutoire, chacune étant un droit réel mais ayant chacune un effet différent et sous l'empire du Code Nap., une condition d'existence et une durée différente. D'après le code, les priviléges n'existent qu'autant qu'ils sont réputés connus de tous, (article 2106) et comme le privilége du vendeur est une clause du contrat de vente, la vente étant réputée connue de tout le monde dès que le consentement des parties existe, le privilége du vendeur est également réputé connu de tous à ce même moment. Il en est de même de la condition résolutoire qui est sous-entendue dans tous les contrats synallagmatiques (art. 1184). Mais où les deux faveurs se séparent, c'est quand il s'agit de les conserver : le privilége ne se conserve qu'autant que tous les dix ans sa publicité est rajeunie ; l'action résolutoire, au contraire, dure pendant trente années sans qu'il y ait besoin de renouveler la publicité que la loi lui suppose. De cette différence pouvait naître sous l'empire du Code Napoléon ce résultat dangereux pour les tiers : qu'après dix ou quinze ans écoulés depuis la vente, ne voyant plus le privilége du vendeur inscrit sur les registres, ils étaient en droit de penser que l'acquéreur avait payé son prix, et qu'ils pouvaient désormais contracter avec ce dernier en toute sécurité : ils contractaient, et puis avant que la trentième année depuis la vente originaire fût achevée, le vendeur qui en réalité n'avait pas été payé, exerçait son action résolutoire contre son acquéreur, et triomphant dans sa demande, triomphait ensuite en revendication contre les les tiers-détenteurs.

La cause du désastre de ce dernier était d'avoir ignoré, en traitant avec l'acquéreur primitif, que l'action résolutoire existait encore; si l'existence de cette action leur eût été révélée, ils n'auraient eu à se plaindre d'aucune surprise. C'est précisément ce but qu'est venu atteindre l'art. 7 de la loi du 23 mars 1855. Il donne aux tiers le moyen de s'assurer si l'action en résolution est ou non éteinte à l'égard de l'acquéreur avec lequel ils veulent traiter. Le moyen fourni par la loi nouvelle est aussi simple qu'ingénieux.

Prenant pour point de départ ce brocard romain, *jura vigilantibus subveniunt*, le législateur décide que le vendeur qui ne conserve pas son privilége, renonce par là même, non-seulement à son prix, mais encore à l'immeuble lui-même, ou du moins il voit dans cette abdication volontaire d'un droit aussi puissant qu'un privilége, l'intention de n'exercer aucun moyen rigoureux contre l'acheteur; et comme conséquence, il édicte que le privilége du vendeur perdu, l'action résolutoire est perdue en même temps; cette solidarité, dans l'extinction des deux droits, fut maintenue dans leur conservation, et, comme d'après la loi nouvelle, la publicité du privilége du vendeur, dépend de la transcription du titre de vente ou d'une inscription spéciale, on décida que cette formalité extérieure suffirait pour rendre publics à la fois, et le privilége et l'action résolutoire. Ainsi, l'action résolutoire est subordonnée au privilége, et elle cesse d'exister le jour où le privilége lui-même s'évanouit (art. 7).

Telle est la réforme apportée par la loi de 1855, non pas à l'action résolutoire elle-même, qui ne disparaît pas de nos Codes, comme l'ont prétendu les adversaires de cette innovation, mais à l'exercice de cette action. Au reste, cette modification n'est favorable aux tiers qu'autant que ceux-ci se trouvent dans la catégorie des tiers dont s'occupe notre loi, c'est-à-dire, qu'autant qu'ils ont acquis des droits sur l'immeuble du chef de l'acquéreur et qu'ils les ont conservés en se conformant aux lois. D'où il faut conclure que l'action résolutoire subsiste, après l'extinction du privilége, contre l'acheteur, ses héritiers ou ayants cause à titre universel, contre les créanciers chirographaires, enfin contre toutes personnes à l'égard desquelles un acheteur a le droit de revendication sans avoir fait transcrire son titre.

On excepte cependant les masse des créanciers de l'acheteur failli et celle des créanciers de l'acheteur défunt dont la succession a été acceptée sous bénéfice d'inventaire ; à l'égard des premiers, l'art. 448, du Code de commerce et à l'égard des seconds, l'art. 2146, 2° du Code Napoléon disent formellement qu'à partir du jugement déclaratif de faillite ou de l'acceptation sous bénéfice d'inventaire, il ne peut plus être inscrit aucun privilége ou hypothèque ; dès-lors, bien que la masse des créanciers n'ait de droits réels sur l'immeuble acheté, ni dans un cas ni dans l'autre, le privilége ne pouvant être inscrit, l'action résolutoire est en même temps perdue.

Je crois qu'on peut combattre cette solution de la manière suivante : aux termes de l'art. 3 de la loi nouvelle, tant que la transcription d'un acte de vente n'a pas lieu, au regard des tiers, le vendeur est resté propriétaire de l'immeuble vendu; aux termes de l'art. 2108, la transcription d'un acte de vente vaut inscription pour le vendeur, lequel n'a pas laissé son immeuble sortir de son patrimoine sans en retenir une partie destinée à garantir sa créance; or, si la masse des créanciers d'un failli, n'a pas fait transcrire son titre, le vendeur va pouvoir disposer valablement de l'immeuble au profit des tiers; que devient alors l'impossibilité pour le vendeur d'inscrire son privilége, et par là l'imposibilité d'agir en résolution? il les élude toutes deux avec avantage; si au contraire la masse des créanciers a pris inscription, par ce fait seul le privilége du vendeur et son action résolutoire sont sauvegardés (art. 2108, art. 7, loi 1855).

Dérogation apportée par la loi du 23 mars 1855 à la dispense d'inscription des hypothèques légales des femmes mariées, des mineurs et des interdits.

L'art. 8 de la loi du 23 mars 1855, est venu apporter une dérogation au principe protecteur des incapables, qui dispense ceux-ci d'inscrire les hypothèques légales qui garantissent leur recours contre les personnes sous la dépendance desquelles ils se trouvent, et qui ont des intérêts contraires aux leurs.

A Rome et dans notre ancien droit, les femmes mariées, les mineurs et les interdits, tant qu'ils se trouvaient sous l'autorité de personnes dont les intérêts étaient opposés aux leurs, étaient dispensés de rendre publique l'hypothèque que la loi leur donnait sur les biens de leurs maris et tuteurs.

Notre droit intermédiaire voulant donner au crédit foncier une impulsion radicale s'écarta du droit commun suivi jusqu'alors en matière d'hypothèques légales des incapables, et les assujettit comme toutes les autres à la publicité, c'est-à-dire à l'inscription.

Mais le Code civil revint aux traditions protectrices de notre ancien droit et du droit romain, et dispensa d'être inscrites les hypothèques dont nous parlons. Seulement, la protection donnée par le Code dépassa les limites raisonnables qui servaient de ligne de démarcation entre la faveur due aux incapables et l'intérêt qu'inspirait le crédit des maris et des tuteurs : au lieu de faire cesser la dispense en même temps que cessait l'incapacité, le Code Nap. prorogea la faveur au-delà de la condition de l'incapacité, en n'assignant aux incapables devenus capables ou à leurs héritiers, aucun délai pour rendre publique leur hypothèque légale ; il s'en suivit que longtemps après la dissolution du mariage ou la fin de la tutelle, les maris et les tuteurs avaient leurs biens grevés d'hypothèques occultes sans que les tiers en fussent avertis; on comprend sans peine le discrédit jeté par cette législation sur une grande partie de la propriété immobilière.

La loi du 23 mars 1855 apporta une sage réforme à un pareil système.

Désormais, grâce à l'art. 8, aussitôt qu'un incapable ayant hypothèque légale sur les biens de la personne dont elle dépend, et qui a des intérêts opposés aux siens, sera devenu capable; aussitôt, n'ayant plus besoin de la faveur de la loi, il devra rendre publique son hypothèque, pour que les biens sur lesquels elle porte, ne restent pas privés de crédit par suite de la clandestinité des charges qui les grèvent.

Les incapables dont il est question, auront, pour inscrire leur hypothèque, une année à partir de la cessation de leur incapacité; passé ce délai, ils ne sont pas déchus de toute garantie ; seulement, l'inscription qu'ils prendront, au lieu de re monter aux dates indiquées par l'art. 2135, n'auront que la date du jour où ils s'inscrivent.

Un avis du conseil d'État, en date du 8 mai 1812, décidait que, non-seulement les femmes, après la mort de leur mari, les mineurs devenus majeurs, n'étaient pas obligés de rendre publique, par une inscription prise dans un délai fixé, leur hypothèque légale, mais encore que leurs ayants-cause en étaient également dispensés.

L'art. 8 de la loi du 23 mars venant exiger la publicité de ces hypothèques dès que l'incapacité des titulaires vient à cesser, ne pouvait pas dispenser de la formalité de publicité les personnes capables succédant aux droits des incapables protégés ; c'est pourquoi, dans l'art, 9, le législateur, prévoyant le cas où l'hypothèque légale d'un incapable passe, par voie de cession, dans les mains d'un tiers, ramène les parties à la règle générale de la publicité, et veut que le rang des cessionnaires se détermine par la date de la manifestation de leur titre.

L'hypothèque légale des femmes mariées sur les biens de leurs maris est évidemment très onéreuse pour le crédit de ces derniers ; permettre aux femmes d'y renoncer ou de la céder, c'est favoriser le credit des maris ; mais ces renonciations ou cessions présentent des dangers ; d'abord, si la femme n'est protégée par personne contre les instances de son mari, elle finira toujours par abandonner son hypothèque; d'un autre côté, si les cessions que la femme fait de son droit à des tiers ne sont pas rendues publiques, elle pourra facilement tromper des cessionnaires successifs n'ayant aucun moyen de se renseigner sur les droits de la femme, et forcés de subir les prééminences d'un cessionnaire dont le titre occulte a date certaine antérieure aux leurs. Ainsi, d'une part, danger pour la femme ; d'autre part, péril imminent pour les tiers : telles étaient les deux considérations puissantes qui militaient contre la faculté pour les femmes mariées de céder leur hypothèque légale.

La loi nouvelle, dans son article 9, a écarté ces considérations en prévenant les dangers. Elle secourt la femme en exigeant que les actes de cession soient passés dans la forme authentique ; de cette manière le notaire pourra éclairer la femme sur l'acte qu'elle accomplit ; elle ne sera plus livrée à l'unique ascendant de son mari. La loi nouvelle protège ensuite les tiers, en décidant qu'ils n'auront à redouter que des cessionnaires dont ils auront pu connaître l'existence par la publicité que ceux-ci auront donnée à leurs titres, pourvu qu'eux-mêmes aient rempli les obligations qu'ils opposent aux autres de n'avoir pas exécutées.

Art. 9. « Dans les cas où les femmes peuvent céder leur hypothèque légale ou y renoncer, cette cession ou cette renonciation doit être faite par acte authentique, et les cessionnaires n'en sont saisis à l'égard des tiers que par l'inscription de cette hypothèque prise à leur profit, ou par la mention de la subrogation en marge de l'inscription préexistante.

« Les dates des inscriptions ou mentions déterminent l'ordre dans lequel ceux qui ont obtenu des cessions ou renonciations exercent les droits hypothécaires de la femme. »

Les droits qu'une femme peut céder sur les biens de son mari sont de trois sortes : ou bien elle peut céder sa créance hypothécaire, ou bien son hypothèque détachée de sa créance, ou son rang hypothécaire.

En 1850, lors du projet de réforme hypothécaire, la commission extra-parlementaire nommée par le gouvernement distinguait ces trois sortes de cession; au contraire, la commission de l'assemblée législative et celle du conseil d'état ne voulaient pas reconnaître que le droit d'hypothèque pût être cédé sans la créance à laquelle il s'attache. La loi du 23 mars 1855 est formelle dans son article 9 contre ce dernier sentiment; l'article reconnaît comme parfaitement possible la cession de l'hypothèque détachée de la créance. Il ne faudrait pas cependant conclure de ses termes exprès qu'il ne vise que ce seul cas et non pas en même temps les cessions de la créance hypothécaire et du rang d'hypothèque; l'article est général, ces deux dernières cessions étaient prévues dans les projets des commissions de l'assemblée et du conseil d'état, les raisons pour les astreindre aux formalités de l'article 9 sont les mêmes que quand il s'agit de l'hypothèque toute seule; on ne saurait donc distinguer entre les trois hypothèses qui peuvent se présenter.

Notre article 9 parle de cession et de renonciation. Je crois qu'aujourd'hui dans la pratique on reconnaît, sauf intention contraire expresse, que la renonciation à l'hypothèque est non seulement *privative*, mais encore *investitive* du droit qu'elle a pour objet; en sorte que la renonciation n'est qu'une cession mal qualifiée.

Les mesures prises par l'article 9 pour rendre publiques les subrogations dans les hypothèques légales des femmes mariées consistent dans des mentions requises par chaque cessionnaire en marge de l'inscription de l'hypothèque légale. Si l'inscription n'existait pas, le premier cessionnaire qui voudrait conserver son droit devrait la faire faire et mentionner la cession en marge. Les dates des inscriptions ou mentions déterminent l'ordre dans lequel ceux qui ont obtenu des cessions ou renonciations exercent les droits hypothécaires de la femme.

Si la femme n'avait cédé son hypothèque qu'à un seul cessionnaire, celui-ci pourrait se dispenser d'inscrire et de faire mention de sa cession ; le défaut de prudence ne saurait lui nuire vis-à-vis des créanciers hypothécaires postérieurs du mari, car ceux-ci, en écartant le cessionnaire, se trouveraient en présence de la femme, et c'est en vain qu'ils voudraient l'écarter aussi en alléguant la cession qu'elle a faite, car vis-à-vis d'eux le cessionnaire n'ayant pas rendu son acquisition publique, n'est pas devenu acquéreur.

Toutefois, la crainte que le cessionnaire aura d'une cession postérieure et d'une inscription prise avant la sienne par le second cessionnaire, sera la sanction de la loi ; l'intérêt des cessionnaires suffit pour assurer presque toujours à la loi son exécution.

Faisons observer que le législateur ne parle dans l'art. 9, que de l'hypothèque légale de la femme ; pour les autres hypothèques, les cession et renonciation, fort rares du reste, se classeront dans l'ordre de la date certaine qu'elles auront acquise. La loi laisse libres ces cessions : parce que, presque toujours, elles sont faites simultanément avec les cessions des créances.

Dispositions transitoires en faveur des actes antérieurs au 1er janvier 1856.

L'art. 10 de la loi que nous étudions porte que : « la présente loi sera exécutoire à partir du 1er janvier 1856. »

L'art. 11 règle les hypothèses où les actes dont il est parlé dans les articles 1, 2, 3, 4 et 9 ont été accomplis avant le 1er janvier 1856 ; il décide que la loi nouvelle ne leur sera pas applicable, et que leur effet sera réglé par la législation sous l'empire de laquelle ils sont intervenus.

On a reproché à cette disposition de laisser en vigueur et marchant côte à côte deux législations contraires; le principe de rétroactivité qui lie le juge, ne lie pas le législateur ; pourquoi a-t il laissé exister une semblable discordance ?

Il est vrai que le législateur eût pu éviter cet écueil ; mais on fût tombé alors dans un abime autrement dangereux : s'il eût fallu transcrire tous les actes ayant moins de trente années de date et n'ayant pas encore procuré la prescription, on serait arrivé au chiffre effrayant de treize à quatorze cent mille actes par année. L'exécution matérielle eût été impossible, de plus les propriétaires eussent trouvé pénible de payer pour conserver, tandis que dans l'avenir, on paiera volontiers pour acquérir.

L'art. 11 fait du reste quelques réserves pour certains actes auxquels la loi du 23 mars 1855 est applicable, à partir du 1er janvier 1856. Ce sont ceux dont s'occupent les articles 6, 7 et 8. La loi devait respecter les droits acquis, mais non pas ceux dont la consolidation n'était pas encore complète.

Le dernier paragraphe de l'art. 11 porte « qu'il n'est pas dérogé aux dispositions du Code Nap., relatives à la transcription des actes portant donation ou contenant des dispositions à charge de rendre; elle continueront à recevoir leur exécution. » Le but de cette disposition est de laisser subsister dans la matière des donations et des substitutions, les effets particuliers que la transcription y produit et les conditions spéciales de publicité que le Code y a établies, alors même qu'il en résulterait des divergences avec les règles de la loi du 23 mars 1855.

Caractère fiscal de l'art. 12.

Il est reconnu aujourd'hui que la transcription n'est plus, comme elle l'était sous l'empire du Code Nap., une formalité purement bursale;

nous avons fait suffisamment connaître son importance pour qu'un pareil reproche ne puisse pas l'atteindre.

Au reste, on se tromperait lourdement si l'on croyait qu'aujourd'hui la transcription est une formalité obligatoire. Sous le Code Nap. où elle n'était qu'un préliminaire de la purge, la transcription d'une vente était facultative pour l'acquéreur qui consentait à courir la chance d'être évincé par un créancier hypothécaire, ou qui avait pleine foi dans la déclaration de son vendeur ; sous l'empire de la loi du 23 mars 1855, la transcription est également facultative, et l'acheteur qui a confiance en celui qui lui cède ses droits, peut parfaitement se dispenser de transcrire Rendre la transcription obligatoire, ce serait supposer la bonne foi exilée de la nation qui s'imposerait une pareille loi.

Dès lors, la transcription n'étant que facultative on ne peut pas dire qu'au point de vue fiscal elle soit désastreuse, puisqu'on sera libre de ne pas s'y soumettre.

Quant au droit que perçoit l'Etat pour l'accomplissement de cette formalité, la loi du 21 ventôse an VII l'avait fixé à un et demi pour cent pour les actes emportant mutation de propriété immobilière.

Le Code Napoléon, en réduisant la transcription au rôle de préliminaire de la purge, conserva le taux fixé par la loi de ventôse an VII. Le Code de procédure introduisant dans ses art. 834 et 835, une pure mesure de fiscalité, en rendit la transcription plus fréquemment utile aux acquéreurs qu'elle ne l'était sous le Code civil, mais maintint le droit proportionnel de un et demi pour cent.

Malgré cette réforme, la transcription ne produisait pas assez d'argent; aussi la loi de finances du 28 avril 1816, pour augmenter les caisses de l'Etat, réunit le droit de transcription au droit de mutation, et le rendit exigible au moment de l'enregistrement. Par cet expédient, qu'on fit ou non transcrire, l'Etat percevait le droit de transcription; heureusement on n'exigeait pas un nouveau droit proportionnel quand on faisait transcrire: on n'avait qu'à payer un simple droit fixe d'un franc au conservateur, outre son salaire. L'art. 52 de la loi du 28 avril 1816 portait que : « le droit d'enregistrement des ventes d'immeubles est fixé à cinq et demi pour cent ; mais la formalité de la transcription au bureau de la conservation des hypothèques ne donnera plus lieu à aucun droit proportionnel. » L'art. 54 règle ce qui concerne les actes autres que la vente; il est ainsi conçu : « Dans tous les cas où les actes seront de nature à être transcrits au bureau des hypothèques, le droit sera augmenté d'un et demi pour cent, et la transcription ne donnera plus lieu à aucun droit proportionnel. »

L'art. 12 de la loi du 23 mars 1855 maintient le droit à percevoir tel qu'il était sous l'empire de la loi de 1816, mais seulement pour les actes qui, avant le 1er janvier 1856, étaient, en vertu du Code Nap. soumis à la transcription ; quant aux actes nouveaux qu'elle vient y assujettir, le droit à percevoir pour les faire transcrire, sera un droit fixe de 1 franc, jusqu'à ce qu'une loi spéciale détermine les droits à percevoir.

En ce qui touche le salaire du conservateur, il fut fixé par un décret du 21 septembre 1810, à 1 franc par rôle d'écriture, contenant vingt-cinq lignes à la page et dix-huit syllabes à la ligne. La loi de 1816, déchargeant les conservateurs de la recette du droit de transcription, diminua de moitié leur salaire ; mais l'autre moitié, au lieu de rester dans la bourse du transcrivant, était versée dans les caisses de l'État. Un décret du 24 novembre 1855 vint remédier à cette mesure fiscale, et abandonner aux parties cette part afférente au trésor public.

POSITIONS.

DROIT ROMAIN.

I. La loi *Cincia* est antérieure à l'époque où s'introduisit en droit romain la prohibition des donations entre époux.

II. L'exception de la loi *Cincia*, dans l'opinion des Sabiniens, pouvait être invoquée par les héritiers du donateur, sauf au donataire à établir que le donateur avait persévéré jusqu'à sa mort dans la volonté de donner.

III. La loi 21, § 1, *de donationibus* n'est pas

en harmonie avec le système qui régissait les donations à l'époque classique.

IV. Le mari fait une donation prohibée à sa femme en souffrant que celle-ci acquière par usucapion une chose lui appartenant à lui mari.

V. Les lois 27 et 32, *de donationibus* ne sont pas en contradiction.

VI. On ne peut concilier la loi 9, § 1, *de jure dotium* d'Ulpien avec la loi 2, § 5, *de donationibus* de Julien.

VII. Quand le mari a deux débiteurs solidaires dont l'un est sa femme, et qu'il fait acceptilation au débiteur qui n'est pas son conjoint, ce débiteur est libéré; mais la femme restera obligée.

DROIT FRANÇAIS.

CODE CIVIL.

I. Les donations constitutives de servitudes tombent sous l'application de l'art. 939.

II. Les héritiers du donateur ne peuvent pas opposer le défaut de transcription des donations immobilières.

III. Les institutions contractuelles et les donations entre époux ayant des immeubles pour objet sont soumises à la transcription.

IV. Les créanciers chirographaires et même hypothécaires qui n'ont transcrit la saisie qu'ils ont faite sur l'immeuble de leur débiteur qu'après la vente de cet immeuble, ne peuvent opposer à l'acquéreur le défaut de transcription de son titre.

V. Si postérieurement à l'inscription d'une hypothèque, un bail de l'immeuble hypothéqué est consenti pour plus de 18 ans et transcrit, il ne sera néanmoins opposable au créancier hypothécaire que pour 18 années à compter du commandement à fin de saisie fait par ce créancier.

VI. La disposition de l'art. 6, 2° de la loi du 23 mars 1855, introduite en faveur du vendeur, le protège beaucoup moins que ne l'aurait fait l'application logique de cette loi.

VII. L'article 8 de la loi du 23 mars 1855 ne s'applique pas au cas où le mineur héritier de sa mère prédécédée se trouve sous la tutelle de son père.

DROIT COMMERCIAL.

I. L'acquéreur d'un immeuble qui n'a pas fait

transcrire son titre avant le jugement déclaratif de la faillite de son vendeur ne peut se voir opposer le défaut de transcription par la masse des créanciers du failli.

II. Le vendeur d'un immeuble n'a pas perdu son droit de résolution pour n'avoir pas inscrit son privilége avant le jugement déclaratif de la faillite de son acheteur.

DROIT CRIMINEL.

I. En matière criminelle, lorsque le crime ou délit suppose à l'accusé l'état d'époux, si celui-ci conteste la validité du mariage, il n'y a pas lieu à renvoyer la question devant les tribunaux civils.

II. En cas d'épidémie, l'autorité municipale n'a pas le droit de requérir l'assistance professionnelle des médecins.

DROIT DES GENS.

I. Les tribunaux français sont compétents pour connaître des contestations entre étrangers qui se trouvent en France, alors même que l'une des parties déclinerait la juridiction française.

II. L'étranger appartenant à une nation où les lois admettent le divorce peut, s'il est divorcé, contracter mariage en France avec une étrangère ou même avec une Française.

Vu par le Président de la Thèse,
MACHELARD.

Vu par le Doyen de la Faculté,
C. A. PELLAT.

Permis d'imprimer,
Le vice-recteur,
ARTAUD.

www.ingramcontent.com/pod-product-compliance
Ingram Content Group UK Ltd.
Pitfield, Milton Keynes, MK11 3LW, UK
UKHW022052190726
13855UKWH00002B/483

9 782013 069847